我看見神的作為

蔡元雲醫生的13680個日與夜

蔡元雲 著

我看見神的作為——蔡元雲醫生的13680個日與夜

作者／蔡元雲

策劃編輯／伍詠慈

文稿協力／陳潔心　呂瑋宗

封面設計／奇文雲海

內頁設計／陳詩韻

出版發行／突破出版社

香港沙田亞公角山路33號突破青年村

電話：2632 0000　傳真：2632 0388

電郵：breakthrough@breakthrough.org.hk

網址：http://www.breakthrough.org.hk

http://www.btproduct.com

承印／藍馬柯式印務有限公司

2016年2月初版1刷

2016年8月初版2刷

I Saw His Deeds

by Dr. Philemon Choi

First Printing, First Edition, February 2016

Second Printing, First Edition, August 2016

Printed in Hong Kong

ISBN 978-988-8246-93-9

本書經文取自《新標點和合本》，版權為香港聖經公會所有，承蒙允准採用，特此鳴謝。

誠邀閣下就突破出版社的書籍發表意見

歡迎加入突破書籍 Facebook page — http://www.facebook.com/btbooks.page

本書採用環保油墨印刷

心靈地圖

關懷、連繫、復和、

溝通、對話……

凝視心之脈動，

直到重新尋獲自己的心。

目錄

序　神在

耶和華啊，你一切所造的都要稱謝你；你的聖民也要稱頌你，傳說你國的榮耀，談論你的大能，好叫世人知道你大能的作為，並你國度威嚴的榮耀。你的國是永遠的國！你執掌的權柄存到萬代！

詩篇 145：10-13

這篇詩一直很感動我：信徒或許常常有個錯覺，以為神創造天地第七天休息之後，就好像歇了工，撒手不管，結果世界變得非常混亂。

其實由神創造世界開始，整個宇宙運作都是由祂的權能承托着，且很有規律地進行。而且神將管治宇宙、大地、萬物的權柄交託給人，但祂沒有丟下不管，仍與人同工，祂的能力和恩典陪伴着人。然而，人離棄了神，導致許多問題出現。

主耶穌曾經講過：「我父做事直到如今，我也做事。」（約 5：17）「我的食物就是遵行差我來者的旨意，做成他的工。」(約 4:34) 而且祂也對跟隨祂的人說,「我所做的事,信我的人也要做,並且要做比這更大的事。」(約 14:12) 這些記載令我十分感動。

在歷史中,看到神的作為

這本書緣起於一次偶遇。

20 多年前,我與一位弟兄在波士頓相遇,想不到 2007 年再在上海相遇的時候,大家心中都產生了強烈的共鳴——對中國年輕人的負擔很強烈。後來這位弟兄與我在中國的事工上同工同行,就是曾育彪弟兄 (Bill)。Bill 有時問及我參與「突破運動」和其中的故事。

我在「突破」事奉 38 年。回顧的時候,發現「突破」這個羣體,不論是我,或是其他的同工、義工都很軟弱。我們作的事工,有很多不足、很多欠缺,不過卻看見神在背後作工。我一一回顧的時候,看到神對我的恩典、神給予我的歷練和神的大能與作為,是祂給我們參與的機會。

Bill 建議我把當時的經歷整理記存（documentation），這些紀錄讓人回顧神的恩典，心裏湧出讚美之聲，不會忘恩。想到昔日，摩西也花很多時間為以色列人作歷史整理記存。他找人逐字寫下來，使人從中看到神很多作為、聽到神的信息。

所以，我在 Bill 的苦苦相勸、強烈「壓迫」之下，決定將一些往事記錄下來。

神的七個特質

這段時間，我等候，就出現了七個很重要的概念，作為這本書的骨幹：

異象（vision）

異象是神的默示，是祂指引屬祂的子民應該做什麼事。回顧在「突破」那 13000 多個日子，在祈禱等候當中，我們深刻領受了神的指示，祂明確告訴我應當為年輕人作些什麼、如何在青年羣體中服侍基督。這都是羣體事奉、羣體靜候神旨意的美與善。

呼召（calling）

《聖經》記載：「不是你們揀選了我，是我揀選了你們。」（約 15：16）不是我有什麼值得自誇的才能，只是神呼召一羣願意捨己跟從祂的人。這麼多年來，我在「突破」親眼看見神召集了一羣聽從呼召，也願意委身給祂的人。最感動我的就是他們不問原委、不計算代價，將生命擺在神的祭壇上，他們為年輕人背上自己的十字架，供神差遣使用。

同在（presence）

主耶穌離開的時候，祂差門徒作神的工，由耶路撒冷直到地極，而祂會與他們同在，直到世界末了（太 28：20）。神的同行、同工，是神的應許。所以，當我回顧的時候，想到「突破」所做的事情真是複雜極了：包括傳媒、廣播、影音、輔導、生命教育、僕人領袖培訓、生涯規劃……我都是一頭霧水，大部分我都不懂。但是我卻見證神揀選一些人，並與我們同工同行。所以我們雖然無有，但在神的同工同行下，成就了許多我們無法想像的事情。

供應（supply）

《聖經》稱神為耶和華以勒（創 22：14），即神是供應的神，神必定預備。「突破」開始時一分錢也沒有，連桌子也要向人借。回顧每一次開展新事工，最傷腦筋是既沒有人又沒有錢。開展任何事工都要計算人手、計劃預算，都是很實在的問題。然而 38 年以來，幸好有不少同工以各自專長彼此配合，即使當中困難重重，我們仍體會到神的供應從不缺乏，見證神的愛永不改變。我雖不是精打細算的人，但在經濟財務的事宜上卻有十分深刻的領會，我很想將它們記錄下來。

改變（transformation）

有人以為“transformation”是“renewal of the mind”，這個詞所指的不止是頭腦的知識，更是指整個生命的轉向，是人和神關係的轉向，是聖靈的工作。人們經常問我，為什麼在「突破」連續做 38 年也不累？因為我這些年來被神改變，也親身見證「突破」同工、義工的生命不斷經歷轉變，這就是秘訣！我甚至看到許多被世界、被香港人批判為「失敗者」的年輕人，他們的生命改變，變得出色，貢獻社會、貢獻天國。所以，改變人心是一個很重要的課題。

更新（renewal）

不少人以為神只關心拯救，將人從罪惡中逐一釋放。其實這還未算完全，神很希望整個國度的文化都有轉變。正如但以理到了巴比倫，令巴比倫整個國度改變了 —— 對人，對神的觀念 —— 是整個文化的改變。「突破」事工最初高喊「抗衡文化」，有人以為只是示威的口號。其實，「抗衡文化」的意思是建立一個以基督信仰為核心的另類文化，與社會所持有的核心價值、信念、做事及生活方式不同。我在 38 年的事工裏，見證很多校園文化、社會文化，和對待貧窮及失業者的看法都有轉變，甚至教會的文化也有轉變，當中都察看到神的工作。

共苦（compassion）

這是我很喜歡的一個英文字。“com” 是「一起」，“passion” 是「苦難」。主耶穌説：「在世上，你們有苦難；但你們可以放心，我已經勝了世界。」（約 16：33）。這個世界充滿苦難，年輕人活在許多苦難當中：家庭破裂、身心疾病、學業挫敗，進入社會無處立足。我們的國家、甚至整個世界都有許多苦難。近年來，藉事工發展，神差遣我們進入苦難的場景，見證神使年輕人在苦難中有生命成長。我感覺到很奇妙，是神帶領着我們。

38 年對神作為的個人觀察紀錄

這七個概念組成這本書的骨幹。我會環繞這七點，將過去 38 年我觀察到神的作為，作一個個人的紀錄。這只是一個初步的嘗試。我知道許多「突破」的同工、義工、同行者都見證了神的作為，但願這本書能夠引發更多同工、義工、同行者或者年輕人，用口、用筆，或是不同的方式來記錄神的作為，不忘記神的恩典。

我常常提及「承傳」，先有「承」，再有「傳」：我不忘記神過去的恩惠，把一些東西傳出去，再傳給下一代，一代接一代，但願藉此我們都得神的喜悅，見證神榮耀的作為，這就是本書主要目的。希望讀者看過這本書後給我一些回應，也將你見證到神的作為記載下來，將榮耀歸給主。

在撰寫這本書的過程中，最深刻的感受是：神在！昔日，神曾如此向摩西介紹祂的名字：「我是自有永有的。」神在！祂是昔在、今在、永在的永活神！

蔡元雲

2012 香港

鳴謝李曉然女士整理本書初稿。

説明

《突破》雜誌出版於 1973 年，亦標誌「突破運動」的肇始。本書寫於 2011-2012 年，正是「突破運動」38 年之時。因此，蔡元雲醫生在書中會稱運動進行了 38 年，特此説明。

書稿內提及不少「突破運動」相關的人與事，因當中不少是無名英雄，是故本書編輯時已儘量補充相關資料，以幫助讀者理解。其中有些內容不詳，請見諒。

JESUS IS THE WAY

第一章

VISION
賜異象的神

沒有異象〔或譯：默示〕，民就放肆；唯遵守律法的，便為有福。

箴言 29：18

亞基帕王啊，我故此沒有違背那從天上來的異象；先在大馬士革，後在耶路撒冷和猶太全地，以及外邦，勸勉他們應當悔改歸向神，行事與悔改的心相稱。

使徒行傳 26：19-20

異象從神而來

還記得我在學生年代（那時 20 歲左右，剛剛信主沒多久）參加一個加拿大的華人冬令會。那次冬令會很多講道內容我都不記得了，但是有一節經文我沒有忘記：「沒有異象〔或譯：默示〕，民就放肆；唯遵守律法的，便為有福。」（箴 29：18）幾十年來，這節經文給了我莫大的啟示。

最初我不理解異象的意思，常常以為神是遠遠在天，人只管按自己的計劃行事。我也誤以為常掛在嘴邊的禱告：「願你的國降臨，願你的旨意行在地上⋯⋯」都只是說說而已。其實不然！神藉着不同的方式，給我默示和指引，並且陪我同行。更會直接透過《聖經》和聖靈對我説話，讓我知道祂的心意以及祂所賜的異象。

要是能像摩西就好了！

當然，我都很羨慕《聖經》裏的人物，好像摩西見到荊棘着火，神還親自向他講話：「當把你腳上的鞋脱下來，因為你所站之地是聖地。」（出 3：5），然後又説「我要打發你去見

法老。」(出 3：10)

哇，我要是能像摩西這樣就好了！不過我從來沒有見過荊棘着火。我又很羨慕以賽亞，他在最憂鬱傷感的時候，進到聖殿裏面，突然見到神的榮耀，見到天使，又見到自己的污穢。神派天使用炭沾他的嘴唇，潔淨他。以賽亞說：「我是嘴唇不潔的人，又住在嘴唇不潔的民中。」(賽 6：5) 當時的異象一定是聲影俱全，他們真是看見了，聽到了。

當然，我也很嚮往保羅的經歷。他在逼迫教會的當兒，有一天在前往大馬色捉拿基督徒的路上，復活的主向他顯現，然後他仆倒在地，有聲音對他說：「掃羅，掃羅！你為什麼逼迫我？」他實在地與復活的基督相遇，不是幻覺。後來，再有亞拿尼亞幫他，告訴他主揀了他作外邦人的使徒。(徒 9 章) 保羅又聽到馬其頓的呼聲。極有可能，神透過夢境使他聽到神吩咐他：你來馬其頓啊！(徒 16 章)……《聖經》裏有數不盡這樣的記載。

舊約裏的人，應該羨慕我才是

羨慕過後，再想想看，其實這些舊約裏的人應該羨慕我才是，為什麼呢？主耶穌基督被釘十字架，復活升天後，第 50 天聖靈降臨，從此就住在我心中。這使我不用再看荊棘、看雲柱火柱，或是期待神從天上扔下一張紙。因為神親自住在人心裏面，每一刻、每一步都與我同行！這真是驚天動地，是中國人做夢都想要達到的「天人合一」。這真是神與人合一，是很大的奧秘 —— 神住在我裏面。

即便如此，信徒仍有一個一生要學習的功課，就是辨別神的聲音。這份功課，至今我仍在學習。正如神教導以利亞，祂不在碎石裏、大風裏、或是火裏講話，神是在無聲中向以利亞默示（王上 19：9-18）。正如詩人的勸勉：「你們要休息，要知道我是神！」（Be still, and know I am God.）（詩 46：10）。

這會是神的感動嗎？

提起異象，是必然也是必要的。然而，輕率地談異象卻又是很危險的。有人經常掛在嘴邊：「我又看見異象啦！」這句話不要隨便亂說。很有經驗的先知撒母耳，他錯解神心意的那一幕令人印象深刻。他到大衛的父家，為神揀選以色列的王，最初選了最英俊的那位，大衛的哥哥，卻忽略了神所選的大衛。那時候撒母耳年紀雖然很大、很有經驗，但也會做錯。

在安靜中，我裏面有感動，但是我怎麼辨別是自己的一時衝動，還是聖靈的感動？哪是天父的聲音，抑或是我父親教導我的聲音？有時內心很混亂，有時又有很多試探。原來撒旦也會發出聲音，透過肉體的情慾、眼目的情慾，以及今生的驕傲（約一 2：16）在我心內製造喧嚷而引誘我。還有，什麼是我個人的雄心？什麼是神的使命？這是非常容易混淆的。

領受異象，以聖靈工作和果效印證

「異象」，是最重要的一個詞彙。任何一個異象，都非憑人意，如果出於人的意思，是很難推動的。

《聖經》有不少羣體領受異象的記載，如保羅領受了異象，就有神的使徒亞拿尼亞給他印證，連當時抗拒他的彼得等人，後來也不再懷疑他。之後，巴拿巴接待保羅，他們同工，也有工作的果效隨着他。如果有聖靈的工作和果效來印證，這便真的是出於神。

為什麼神會呼召我參與「突破運動」？天上沒有掉下一張紙，也沒有見過火柱雲柱，但是聖靈在心中的感動是很真實的，而且聖靈不只是住在一個人心中，而是住在願意一起等候祂的人當中。《聖經》説:「凡等候你的必不羞愧。」(詩 25:3)我不是一個人「眾人皆醉我獨醒」,我置身於一個小羣體當中(但未必很多人對異象有所領受),一起禱告、一起等候。這是一個羣體的等候和印證,然後彼此查證:有沒有聽錯?是不是神的聲音?是不是神給你的託付?神真的用祂的方法來感動一羣願意等候祂的人。而且不止如此,神會有祂的工作伴隨着,印證祂給你的感動是真實的,而不是一時衝動。

異象,始終如一

有人問我,是不是 38 年前已經「預見」今天「突破」會發展成怎樣?我答完全不知道,也跟同工説:「不知道明天會發生什麼事情。」不過,我深信神一定會揀選下一代來承接祂的異象和使命。

昔日,我看見「突破」第一張海報時,深深被神的靈觸動。從那一刻開始,我的工作就是為這一代的青少年提供生命的方向和價值觀。我一直都是被召服事青少年 —— 香港的青少年,現在也包括內地的青少年,甚至是海外的青少年。

從起初感動我參與「突破運動」的神，祂給我的異象到如今也沒有動搖，無論我身處何方，服侍年輕人就是我的十字架！

一、異象的拓展

在「突破」服侍主多年，神讓我學習「異象」這份功課。

當時是 1972 年，我和蘇恩佩以及一羣弟兄姊妹，一同祈禱等候，我看到要服事香港的年輕人，並在生命和文化上回應他們的呼喊。以後的 30 年，大概每 10 年，神就會給我刷新異象，異象會逐步擴闊和進深，過程大致相若：

- 有一些特別的事發生；
- 在處境中發生我預料不到的轉變；
- 神感動我們一起禱告；
- 產生回應行動，過程中看到神開路，證明神的大能與同在。

在這一章，我將「突破」的發展和我的體會，分成四個重要里程碑來闡述：

第一階段——抗衡文化、生命更新。1972 年，神召集一羣信徒創辦了《突破》雜誌；

第二階段 —— 尋根、植根、扎根。1982 年，「突破」憑信心買了一座單棟樓宇，成立「突破中心」，決定植根香港；

第三階段 —— 培育 21 世紀的僕人領袖。1992 年，當香港面對前途問題時，神給「突破」21 世紀的使命，就是栽培年輕人成為僕人領袖；

第四階段 —— 回應中國的呼喚。2002 年，中國「起飛」，神差我進入中國現場，服侍內地我的「骨肉至親」。

在每個階段，都看到神的恩典着實豐厚，然而篇幅所限，在這本小書不能一一細說。

二、香港竟沒有一本專給青年人的雜誌

異象伏線——《泉源》

1971 年，我在加拿大溫尼泊（Winnipeg）讀畢醫學，回到香港在播道醫院工作。回來後遇見了很多舊同學，他們有的教書，有的作青年工作，大家都從事着不同專業。在溫尼泊時，我曾出版一份給留學生的雜誌《泉源》。後來，《泉源》由當地的學生和畢業生接手續辦。編委們也與我保持聯繫，他們有意在香港出版《泉源遠東版》。於是，我和一羣從加拿大回來的有心人一起禱告，禱告後決定在《泉源》加添一些本地元素，後來成功出版。不過，由於加拿大和香港的年輕人關注的課題、心中的掙扎，以及尋找的方向都不同，未能在年輕人中引起共鳴，結果出版數期便停刊。

後來我看見香港的文化和青少年的生命需要更新，繼而開始「突破」事工。想不到，原來已經在這裏埋下伏線。

在城寨遇上恩佩，同禱告尋求

1972 年，我獲邀出席九龍城寨一個福音戒毒團契，分享與醫療和戒毒相關的信息，在那兒遇到蘇恩佩姊妹。

恩佩於香港成長，曾在小學任教，在美國惠頓大學念書後，去了台灣校園團契事奉，成為《校園》雜誌的總編輯。後來，她在新加坡創辦《前哨》雜誌，是青少年工作及文字事工的先驅。她年輕時已患上甲狀腺癌，帶病服侍主，後來回香港養病。對青少年與城市的真情，催使她去觀察這個城市，她竟然走到九龍城寨——一個無論是英國政府、香港政府和中國政府都沒有專注管治的「三不管」地方。

那次偶遇，讓我們談起了這個城市、談起青少年，後來我相約了一些有心人一起交流，交流會逐漸演變成為一個禱告會。

當年參與這個禱告會的，有恩佩、詹維明（她從加拿大回來，後來在中文大學做輔導工作）、陳喜謙牧師（香港學生福音團契的總幹事，很有心做青年工作）。還有學生福音團契的董事成員簡悅明和朱紀祥。不得不提的還有梁永泰，當時他在中學教書，也是基督徒學生福音團契《中學生》雜誌的總編輯，他後來成為「突破」的總幹事。

我們的共同點就是關心這個城市，特別是香港的學生和年輕人。那時我定期相約有心人交流和禱告，不但如此，還做了一些研究。我發現傳播媒介對年輕人有很深的影響，就作了一個有關「香港年輕人看傳播媒介的習慣」的調查。結果發現，在香港大大小小「賣紙」或「不賣紙」的定期報刊有 101 份，雜誌的種類也有很多，我收集了當中 287 份，數目之多，真是意想不到。這些雜誌，內容涵蓋時事、經濟，但是給青年人的主要內容是娛樂、生活，還有流行文化。基督徒對外出版的報刊雜誌幾近於零（本來還有一份《燈塔》雜誌，但那時已停刊了）。走文化路線的雜誌，比如《文林》，也都相繼停刊。這些現象顯示了一個趨向：這個城市經濟剛剛起飛，但是價值觀等各方面開始出現混淆。而且，能夠探討青少年的價值和方向的大眾傳播文字媒介少之又少。

恩佩曾經在那時寫過一篇文章〈我能為這個城市做什麼？〉，描述 70 年代年輕人面對經濟起飛時的迷茫：價值很模糊、失去人生方向。正是我們的心聲。

很想為這城市辦份雜誌！

恩佩在這件事上有很多想法：她曾經講過「文字的救贖」，她深信文字是很重要的媒介 —— 溝通媒介、互動的媒介，也是傳達信息的媒介，她期望文字不要被人忽視（humiliation of the word）。同時，她也提出「抗衡文化」：需要在現行的文化當中建立一個另類的、不同價值的文化，是以神的啟示、以基督為中心的文化。當時這些意念一直在我心中醞釀，如何以文字工作回應當代青少年的呼喊。

我們不斷禱告，異象愈來愈清楚。

在禱告的圈子裏面，梁永泰有《中學生》的文字工作背景；我也有做《泉源》和《泉源遠東版》雜誌的相關背景；陳喜謙牧師對學生和青少年懷着很強烈的熱情；詹維明因為做輔導，在最前線接觸到年輕人日常生活中的掙扎。大家一起禱告、一起分享，留心這個城市以及年輕人的面貌，愈看愈清楚，心中的感動也愈來愈明亮：很想為這個城市辦一份雜誌！

那雜誌是關於什麼的呢？我很記得第一張海報就凝聚了心中最強烈的負擔：「為這一代的年輕人提供生命的方向和價值

觀」。「這一代的年輕人」是我們的對象；而「生命的方向」，即在年輕人方向愈來愈混淆時，刺激他們思考究竟是讓經濟主導一切，還是由生命的主來主導個人方向；讓他們想想個人的價值、對人的價值、對世界的觀念，以及人生意義與神的關係。這些都是涉及價值觀的選取與體現。

「突破」，當時香港很少人用這個詞

為了雜誌的名字，大家提出了很多意見。恩佩提了「火種」，因為主耶穌來到地上的時候，曾說：「我來要把火丟在地上，倘若已經着起來，不也是我所願意的嗎？」（路 12：49）這是很激烈、很有爆炸性的一個名字。

不過，陳喜謙牧師提了另一個建議，建議用 "breakthrough"。他說這個英文字有「突破」的意思，引起大家的共鳴。當時香港很少人用這個字，而他覺得香港的青年人需要有生命的突破。我們各人都從不同的角度去理解，豐富了這個名字的內涵：在很多世俗的價值觀中，我們的價值需要有突破。在很多生命的束縛、迷失中也需要突破。「突破」的異象是從神而來，祂賜我們生命中有更新和突破的能力，而香港的文化也的確需要有一個突破。

那時，周圍有很多人潑冷水。有資深出版人說：「你們要知道出雜誌是很貴的，你們有多少本錢？」「你知道不知道，沒有年輕人看這麼嚴肅的雜誌呀！最暢銷的基督教雜誌都是印 2000 至 3000 份，而且很多都要免費派發，才能維持一定數目的受眾……」

雖然眼見很多困難，但大家心中都有一份平安，決定試一試。大家不想另開一間機構，而是希望成為現有機構的合作夥伴，於是向學生福音團契董事會提供了一個初步方案。學生福音團契的董事有很多提問，關於雜誌的經濟來源、意義、對象，以及如何與學生工作配合。雖然沒有任何經濟支持，但是方案獲得通過，嘗試以雙月刊的方式來出版，當時是 1973 年 6 月。

不可只靠兩個人來工作

開辦一份雜誌一定要有人手。雖然恩佩身體軟弱，相信是神感動她，使她願意以兼任的身分承擔總編輯的工作。她問我會不會考慮參與這份雜誌，成為專職同工。我第一個反應就是：「我是醫生，不懂做雜誌，青年工作也不是我的專業。」不過，經過和太太同心的禱告，出於神的異象，在我心中生發感動，聖靈藉着〈以賽亞書〉30 章 21 節給我肯定：「你或向左或向右，你必聽見後邊有聲音說：『這是正路，要行在其間。』」這段《聖經》成為我很重要的指引，也帶來了平安，我決定用部分時間參與。

我知道不可以只靠兩個人，以及小羣的義工來工作，而是要把這個異象傳遞出去。於是，舉行了「突破」第一次異象分享會。

1973 年，一羣基督徒畢業生，多數是年輕人，也有教牧同工在聖安德烈堂聚集，探討「我能為這個城市做什麼」、「低調的吶喊」、「年輕人的聲音已經發出呼喊」、「希望生命文化都可以有個『突破』」這些題目。很多人不止出席，也願意以不同的方式來參與，令我們非常感動！

事後我們招聚了志同道合的人，成立了很多小組，我負責研究小組，簡穎湘成為了義工，帶領研究組；周子森是老師，願意成為編輯組義工。後來，余達心、李柏雄等人陸陸續續加入編輯組和設計組。而許朝英和他弟弟許國良，還有周仲年等都先後加入，全部都願意做義工。還有朱國志，他剛剛大專畢業，就願意全心投入，成為「突破」第一位全職的同工，肩負行政以及各方面的事務。

發行商願意嘗試發行一期

這個異象在起點就得到很多印證。我們決定在 1973 年 12 月 27 日出版 1974 年的 1 月號。後來成為著名攝影師的孫淑興弟兄，以特別的技巧拍攝一隻小雞衝破蛋殼，象徵生命的突破，而這張照片就成為很漂亮的創刊號封面。報刊發行商最初看到這本雜誌，說：「這麼正經的一份雜誌，沒有明星、又沒有歌星，任何娛樂成分都沒有，是很難賣的。」但是因為封面實在很有吸引力，他願意一試，發行一期。

創刊號印了 2 萬份，我們決定要發行到街上，包括報攤和所有的書店。感謝主，反應非常好，完全出乎意料之外！從這份雜誌的誕生，就開展了「突破運動」。

三、從雜誌、影音到人際接觸

這個異象在最初 10 年不斷演變和拓展。從《突破》雜誌的文字事工起步，定立了基礎，繼而發展廣播事工，後來演變成影音事工，之後輔導事工也得以開展。

透過大氣電波傳播異象

「突破」進入了影音階段。我覺得很意外，但卻看到神的手在其中。

《突破》雜誌出版了沒多久，就收到香港電台的來電。他們發現香港有份新雜誌，內容與潮流文化無關，出版後卻很受歡迎，不知道是哪些人在辦，很想了解其背景以及受歡迎的原因。於是，我和恩佩第一次借空中的電波分享「突破」的誕生及其意義，電台的音波傳到了不同角落，收到很多迴響。

想不到的是，香港商業電台輾轉找「突破」，探討把《突破》雜誌內容搬上電台的可能性。我們沒有這方面的專業，只是禱告尋求。當時認識了一些廣播業界的基督徒，如戎子江、陳港開、麥芝華，都是當時很出色的廣播節目主持，很受年輕人歡迎。經過商討，決定將「突破」搬上電台，節目命名為「空中突破」。節目由最初每星期播放一晚，發展至每晚播放，這樣便將《突破》雜誌的內容演變成一個長壽的電台青少年節目 ——「突破時刻」。

在視聽年代，把信息化為影像

廣播事工成為影音事工的一條伏線。

當時編輯組的義工梁永泰，正職是老師，神感動他，讓他慢慢看到除了文字之外，廣播和影音對年輕人的文化也有很大的影響。他覺得這是個視聽的年代，透過眼睛去看、耳朵去聽是年輕人很重要的學習途徑。後來，他辭去教席，接受神學、傳播及電影訓練。後來永泰開始影音事工，工作的黑房由一個廁所改建，器材十分簡陋，卻拍攝出震撼人心的作品，如《計時炸彈》、《城市哀歌》、《疾風知勁草》等。我將會在第二章詳述。

一定要與讀者交流

輔導的種子也慢慢萌芽。

從第一期雜誌開始，詹維明認為一定要與讀者進行交流。她自告奮勇，開設「明心信箱」，想不到很多讀者來信。後來，她找了義工，以筆名「明心」來回應。當愈來愈多人來信，漸漸演變成熱線電話輔導及面談輔導，孕育了輔導中心的誕生。所以「明心信箱」可說是「突破」第一項輔導事工。

《突破》雜誌收到的信件愈來愈多，而輔導環節「明心信箱」也很受歡迎，我們索性將輔導事工逐步拓展。聽說台灣的輔導工作做得很好，而香港還沒有既有系統又專業的輔導工作，我、詹維明以及一些輔導員決定去台灣考察。我們參觀了著名輔導機構「張老師」及不同的輔導和家庭輔導中心，發現無論是電話輔導、面談輔導、書信輔導，還是文字輔導，在台灣都相當蓬勃，在年輕人中也有迴響。

於是，詹維明和一些專業人士開了第一個訓練班，是非專業輔導的訓練班，我也參與了。我們戰戰兢兢地開設了首條電話輔導熱線，借了一位弟兄的辦公室，還借了他幾條電話線。

第一天晚上大家都很緊張，到底有沒有人會打電話來？在電台和雜誌的宣傳有沒有回應呢？想不到，那晚電話陸續打來，響個不停，成為香港最早期的一條青少年電話輔導熱線。青少年不但想透過電話，也想面對面傾談，於是我們開始了個人以及小組的輔導，還向政府申請，爭取在愛民邨找了一個地方，成立了「突破」第一所輔導中心。

1976 年，我暫時離開「突破」，花兩年時間在神學和輔導上裝備自己，回來再發展輔導工作。

又一份雜誌誕生了

初中學生對文字、以及所探討的題目有不同需求，未必是《突破》雜誌可以回應的。恩佩與同工們一同禱告，聽到少年人的呼聲。於是我們招聚了一批有異象的雜誌工作者，包括程正家、蕭鋭志、楊碧瑤、黃鳳玲等，他們成為《突破少年》的開路先鋒。在最初 10 年短短的時光中「突破」第二份雜誌誕生了！在初中少年間引起新的迴響。

縱使事工變得多元化，但異象只有一個，就是「抗衡文化」和「生命更新」，只是透過不同的媒介、媒體及人際的接觸等事工來實踐。這就是「突破」異象的核心。

四、迷茫，有人勸我們退去

進入不確定的年代 — 1982

時代的轉變都掌握在神手中，人類是沒有辦法預知，《聖經》提到「改變時候、日期，廢王，立王」的是神（但 2：21）。

1982 年，對香港是個重要的歷史里程碑。英國首相戴卓爾夫人到北京拜訪，其中一個議題就是談香港前途問題：香港的九龍界限街以北及新界是租界，到 1997 年就租約期滿；而香港島及界限街以南，是屬英國管治的殖民地。所以英國很想和中國商討香港未來的定位，可不可以將界限街以北和新界的租約延續，並且延續殖民地的管治。

結果出乎意料之外，中方態度強硬，決定在 1997 年收回香港的主權，並且建議了一個新的方向：「一國兩制，港人治港，高度自治」，即保留香港面向世界開放的資本主義體系，用一個不同於中國其他城市的管治方式來治理香港。

戴卓爾夫人從人民大會堂出來，就在門口跌了一跤，這一跤具有象徵意義，標誌一個新的年代來臨。香港的股票應聲而跌，一系列有關香港前途的討論就此展開。社會的氣氛充滿對未來的恐慌：以為當香港由資本主義體系，回歸到社會主義、共產主義主導的政權，可能會引起社會極大的改變，甚至懷疑香港能否保持開放的經濟，以及獨立、自治的體系。結果，香港出現了移民潮，香港人在那時候紛紛往外走，也留下了一個領導斷層的危機：當時無論政治、商界、教育界，甚至教會等不同領域都有一部分領袖決定離開。

面對獨立與分離，異象也不變改

1982 年，也是我難以忘懷的一年；對「突破運動」來說，也是一個很重要的轉折期。

早在 1981 年，「突破」就由學生福音團契屬下的夥伴機構，轉為一個獨立的機構。事緣「突破」由兩本雜誌開始，進入電台領域，再發展輔導及影音事工，這些媒體所撒的網很大，受眾已經超越學生層面，甚至比大學畢業生的範圍更廣，包括來自不同階層的青少年。這些對象超出了學生福音團契的服事範疇，於是，學生福音團契董事會決定，將「突破」獨立成一個機構，但仍然與學生福音團契保持姊妹機構的關係。

由於一個新階段開始，我們決定在牛頭角購置「突破中心」，得到學生福音團契及很多同行者的支持。然而從一開始我們一起領受的異象，即「抗衡文化、生命更新」，一直沒有改變。

移民潮下，95% 年輕人不可能離開香港

在移民潮的籠罩下，當時收到很多不同的建議，有人甚至建議「突破」將總部遷去加拿大（加拿大的弟兄姊妹給予「突破」很多支持），仍保持與香港的聯繫。

由於要取得海外各國移民的居留身分，或者是英國的居英權，都要有一定的專業資格或經濟能力。其他階層的人如果沒有專業資格或投資能力，要貿然移居海外、在外地重新開始生活也不容易。所以真正有資格走的只有 5 至 10% 市民，90% 以上的人都無法離開香港。其中 95% 年輕人更是不可能離開香港的。

「突破」的異象很清楚，就是服事香港的年輕人，讓他們

在這個城市成長，有文化、有生命、有承擔，更希望他們進入基督，有基督的生命。

在這樣的情況下我們禱告，等候，尋求。

這一代，有很多人無根漂泊

我閱讀了一位非裔美國人寫的《根》(*Roots*)。這本書追溯了美國黑人的根，引起了很多迴響：原來在同一個國家內，很多人都有不同的歷史，有不同民族的根，但是都可共聚在同一個國家生存。同時，我還讀盧雲（Henri Nouwen）寫的《無根的一代》，提到這一代其中一個特徵就是無根（rootless）、無父（fatherless）。的確，這一代有很多人都好像浮萍一樣漂泊，對自己的身分、家族、歷史及生命的根都模糊不清。經歷兩次世界大戰，全世界有很多流動人口。最明顯是美國，基本上她是一個移民國家。而我生活了很久的加拿大，也聚集了許多兩次大戰時從歐洲及世界各地漂流而來的人，他們植根在那裏。有的人仍然記得自己的根，有的卻已經忘記了。

《聖經》也提到根，一方面是指生命的根源和源頭，好像一棵樹栽在溪水旁，有泉水來結合就能夠結出果子，樹葉常青。這正如〈詩篇〉1 篇 1 至 3 節所記，生命之源是創造的主、生命的主，我的根是永恆的。與此同時，《聖經》裏面的「萬民」(ethnē)，是指民族的根。自從人類與神為敵、興建巴別塔之後，神就把他們分散到世界各地，變亂他們的口音，產生很多不同的民族，後來又產生不同的國家。他們都有各自的民族身分，好像以色列從亞伯拉罕而出，發展成一個大族大國。所以《聖經》裏「萬民」這個字，也叫做骨肉之親，其實是指民族的身分，有很深遠的意義。

當然，香港絕大部分的人（95% 以上）都是從中國漂流過來的。唐、宋、元、明、清這幾個朝代，有很多人相繼來到香港，如古時，宋朝漢人被蒙古人追殺的時候，宋王流落這裏，現在九龍城的宋王臺就述說了這一段歷史；近代抗日戰爭、國共內戰，很多人又漂流到香港。這些人的民族根源是中國。所以，民族的身分、國家的身分，都是根。大部分人植根香港後，在這裏成長，慢慢建立了對城市的投入、承擔和新的根基，並以香港為家。其實，到哪個國家、哪個城市作國民是有選擇的。比如，人可以生於中國，移居加拿大，成為加拿大籍的華人。在香港有很多本土出生、拿英國護照的英國籍華人。很多香港人擁有其他國家的國籍，以美國、加拿大和澳洲特別多，而其他你能想像出的國家護照也會有人擁有。不過，他們同時選擇居住在香港，成為香港的市民，這是另外一種身分。所以，人除了生命之源的永恆身分，以及民族、國家的身分之外，還有落地生根的住處！

尋得安居之處——「突破中心」

經過一段時間的禱告，不論董事會抑或同工，都確認了一件事，「突破」仍然植根香港。對於香港回歸，我是認同的，殖民地應該回歸原來的主權國。所以，我仍然尋根中國，要去找回民族和國家的身分和關係。「九七」回歸之後，香港會成為中國的領土，但是我更加相信，所有香港的青少年，除了這兩個身分之外，也要學習扎根於永恆。於是「尋根、植根、扎根」就成為了那時的異象。

這顯示「突破」在這個時候仍然植根香港，服侍香港的青少年，並對他們的文化和生命的更新繼續有承擔；同時我也和香港的青少年一起面對中國，在中國的土地、文化上去尋根。

心懷從天上來的異象，我們繼續和青年人尋找如何扎根於永恆。

後來「尋根、植根、扎根」從異象演變為「突破」一個重要信息。永泰學成回來，帶領影音組的同工一起製作了多元媒體作品《根》。

《根》將「突破」的異象「尋根、植根、扎根」演繹得很透徹。這個製作在香港大會堂和很多地區放映，後來也在美國、加拿大及不同地方的文化中心、大學和戲院上映，前後超過了 100 場，有數以萬計的人直接或間接地看過這套作品。（有關這部作品的辛酸，詳見第三章）

這個過程的中期，是「突破」很重要的一頁 —— 決定將事工再向前拓展，並且在九龍佐敦購置了一座 16 層高的大廈，改名叫「突破中心」。這個購置的行動顯示了「突破」植根香港的決心。也蠻像先知耶利米在國家淪陷時也曾買了一塊土地，來表示相信這個地方仍有神的作為，將來仍然會被神重建。實際上這座建築物，也可以作為總部，讓「突破」的影音製作、雜誌、書籍出版、電台節目、營會活動及專題講座等事工配合。

當時憑信心作了這個行動，引起了青少年、教會，甚至外界的迴響：他們因而認識「突破」，他們明白不應該在這個時候自亂陣腳，應該肯定自己的根，不再做無根的一代。購置的故事充滿神的恩典，在第四章會告訴大家。

五、香港面對回歸的「死線」

1992 年，距離 1997 年還有五年。很多人都變得徬徨又緊張，香港又再度興起新一波的移民潮。

當城市也有限期

我被香港政府的中央政策組委任作非全職的政策顧問，參與有關香港政策的討論。1997 年真是個很重要的界限，中方堅持無論土地分配、機場興建、教育制度、醫療制度、社會福利制度，凡跨越 1997 年之後的政策，都應該由新政府來籌劃，英方不能主導決策。我相信這也是合理的，因為在政權的交接當中，不應該由舊政權替新政權來決定一些重要的抉擇。不過，這也引起很多關於土地、福利、經濟架構等議題的爭論。

很多媒體對香港提出很多質疑，如《時代雜誌》有一期就以香港作專題，名字叫做“city with a deadline date”，覺得這是一個有「死線」的城市，因為在人類歷史上很少出現在一個指定的日子裏，一個奉行自由經濟、資本主義的城市，要根據協議，將其政權交還給一個信奉不同主義、不同管治方式的國家。外界的論調一般都比較悲觀。我當時也察覺到這種悲觀的氣氛，不時思考：為何「九七」變成了一個極限呢？每個香港市民都要跨越「九七」，不過我很相信「九七」之後還有新的天地、新的世紀。

很多人開始研究 21 世紀，如奈思比（John Naisbitt）寫了許多書，他的《大趨勢》（*Megatrends*）是預告 80 年代出生一代的一些趨勢；而 *Megatrends 2000* 是討論公元 2000 年之後的趨勢；後來他又寫了 *Global Paradox*，提到了在 21 世紀中國將扮演很重要的角色，他甚至稱這個新的世紀是「中國的世紀」（China century）。他覺得 21 世紀將有新的現象：中國會參與世界舞台。他提到了香港，覺得香港回歸之後會扮演一個橋樑的角色，成為中國的一部分，與世界接軌。

超越「九七」極限，以 21 世紀為目標

我和同工討論、祈禱後，決定「突破」不應該以「九七」作為事工計劃的極限，而是應當展望 21 世紀。生於 20 世紀的青年人，活在 21 世紀，有新的科技、新的世界局勢、新的經濟發展，以及結合新的文化。他們應該在 21 世紀作僕人領袖（servant leader），服侍這個年代。《聖經》相信每個人都

被召成為貴重的器皿，並指出為首的要成為僕人，是僕人同時也是領袖。

我一直祈禱、等候。梁永泰弟兄也在神學院和大學裏研究城市在轉折中（city in transition）應當如何面對；我則到世界不同的地方，包括西班牙的世界博覽會，看看未來是個怎麼樣的世紀。我也收集外國、內地很多關於 21 世紀的資料，發現內容非常豐富！除了美國、日本以外，台灣著名文化人詹宏志也做了很多未來趨勢的研究，前瞻 21 世紀到底會怎樣。我招聚了同工一起等候，經過整理，認定青年人在未來的日子，需要面對四個很重要的挑戰：

未來四種挑戰

第一個挑戰，就是資訊科技帶來一個新的平台，是教育和交流的平台。在資訊的年代當如何去面對這種挑戰？

第二個是文化的挑戰。文化是任何一個國家、民族，甚至城市所持守的核心價值和信念，並由這些價值和信念演變出生活方式。永泰和我與一羣教牧同工，曾到東歐親自觀察列國的新局勢。

從前很長時間都是由西方在很多方面單獨主導，所謂「第二世界」及「三分之二世界」，經濟及政治力量都是薄弱。1989 年柏林圍牆倒塌後「第二世界」劇變，東歐解體、蘇聯也解體，世界出現了一個新的局面，更加令西方資本主義國家強勢主導，甚至演變成有一段時間美國獨大。

21 世紀，文化不再是由西方單獨主導，這將會是一個多元文化的年代，不再是單元文化、單元主導，那麼如何在 21 世紀實現文化的重整？中國雖然會興起，但不會主導世界的文化，那麼中國會以什麼文化主導？至於中國內地每個地方的文化又會如何發展？更重要的是，扎根在基督的話語上，也會形有成一種獨特的文化，是結合信仰和原來的民族、國家的文化。另外，香港由於曾受英國管治，向全世界開放，因此既有普世的文化，也有基督教的文化。文化之間該如何交換？從這方面來看，文化是一個很重要的主題。

第三個挑戰，就是在 21 世紀如何創路：科技及經濟結構劇變，資訊科技和生物科技改寫了全球的生活方式及就業結構。年輕人走的路不再如以前那麼單一。我年少時選科很容易，不是文科就是理科，要不就是醫科或者商科；但是到了 21 世紀，面對同的領域和不同的挑戰，到底怎樣創路？怎樣在一個新的世紀、新的處境當中，走不同的路。年輕人的路是他們的生活方式，也是他們在工作上的召命，怎麼走很決定性，應當結合什麼專業才能將自己的生命活出來？這些都是很重要的課題。

第四個挑戰，是生命的更新。青少年在轉變當中，除了資訊技術、文化的裝備以及找到自己的道路與召命之外，最基本的仍然是生命的更新。因為人是神所創造的，只有神能夠為人的生命帶來更新，如《聖經》上所說的「心意更新而變化」，這是聖靈的工作，只有神能成就，生命的更新也會帶來文化的更新。可見，生命的更新是一個很重要的課題，詳看第五章。

憑信心，尋求一處新基地

因是之故，「突破」在固有的出版、影音和輔導事工的基礎上，加添了四個組別：資訊館、文化樓、創路坊、更新園，我們相信這四方面是 21 世紀青少年領袖必須要培養的素質。

我們開始禱告，尋求一塊地作為培育新一代領袖的基地。這個基地能夠既靜且動，能深入鑽研生命的更新，也是文化交流的平台，運用最新的資訊科技，讓人體驗資訊科技帶來的演變，並在此地加強事工配套，能夠和年輕人一起創路。

我們一直禱告、等候。假如要有超越「九七」的計劃，就要知道有沒有人能承擔這些工作，不然任何計劃都是徒然。有一次禱告會，我召集「突破」核心的同工（不同部門的主管，以及資深的同工）到紅橋小築退修禱告。我問了一個問題：「『九七』之後有哪些同工會留下來？」結果，只有兩位同工表示會移民，其他十多位都會跨越「九七」，與香港的青少年共度。他們願意委身，不止是對「突破」，也是委身於 21 世紀繼續作培育青少年的工作。我很感恩，大家十分同心，就大膽向神禱告賜給我們一個地方。結果有弟兄幫忙，真的找到一處地方，很快得到了政府的批准，建成今天位於沙田的「突破青年村」── 一個青少年培訓的基地，一個面向國家、面向世界、培育 21 世紀青少年領袖的基地。（關於這塊奇蹟一般的土地，詳見第三及第四章）

自此，「突破」便由輔導、影音配合出版事工的結構，轉化成一個培育青少年僕人領袖的基地。而當中的四個元素 ── 資訊、文化、創路、更新，更拓闊了「突破」的異象，成為本港、內地及海外華人青年互動互建的平台。這是「突破」新的一頁！都是神的作為，也是邁向下一里程，神同行的印證。

六、在山上，聽見同胞呼喚

大概從 2002 年開始，異象的主題轉向回應中國的呼喚。

「突破青年村」自 1996 年建成之後，逐漸成為一個國際交流的基地，大家一起探討 21 世紀的領袖需要什麼素質。我們開辦了「國際華人青年領袖訓練營」，訓練來自香港、內地、加拿大、美國、澳洲，以及東南亞的華人，當中來自內地的特別多。

內地的青年工作者很想認識香港，也希望香港回歸後，大家能彼此增進認識。那時，我們與內地合辦一個「聽聽少年心底夢」的活動，讓他們明白香港青少年對未來有什麼看法。這個項目在上海圖書館開展，有接近 20 萬青少年將他們的夢以文字、圖畫的方式表達出來，引起很多迴響。大家都關注 21 世紀是個怎樣的世紀，年輕人的夢又是怎麼樣。

2000 年，上海有很多中學校長、教育工作者來到「突破青年村」參與「燃薪大行動」營會，探討身為教育工作者，要怎樣栽培 21 世紀新一代人的生命素質。這一連串的事工都像是中國事工拓展的伏線。

不安，中國的青年生命和心理素質欠栽培

進入公元 2000 年，之前對千年蟲、香港「九七」等問題的恐懼都漸漸隱沒。「九七」之後，香港仍然保持高度自治，與北京中央政府仍然保持對話。此外，香港的經濟不僅沒有崩潰，反而因為中國的崛起而得到一個有利位置，情況尚算穩定，中港兩地交流也愈來愈頻繁。

在 21 世紀，中國的角色改變了，她在國際文化、教育、運動、經濟、政治舞台上逐漸扮演着更舉足輕重的角色。就在此時，香港和內地同時發現，就是年輕一代的生命素質、心理素質需要特別關注！

由於經濟起飛，教育制度偏向於技能上的訓練，社會栽培了很多經濟、金融、物流、科技的人才，然而對他們的生命和心理素質方面的栽培卻乏善足陳。大家不約而同地問，為什麼新一代的價值觀這麼模糊？德育應怎麼進行呢？公民教育又應怎麼作？內地所說的「素質教育」，也就是生命的素質、心理的素質，應當怎麼培養呢？內地還有一個熱門詞「養成教

育」，探討人格該如何培育。

擴張地界，回應呼喊

香港成立了一個「優質教育基金」，鼓勵香港團體開展栽培人的生命素質、領袖素質的研究，而「突破」在這方面也有很多鑽研。面向未來，我們相信有三個重要的課題：全人教育（wholistic education）、數碼文化（digitalization）、全球一體化（globalization）。

在鑽研的時候，我們和內地的交流愈益頻繁。上海華東師範大學的吳鐸教授，專長社會學、社會福利，以及青少年研究，他和香港的大學有很多交流。有人介紹他來「突破青年村」，他認為「突破」所作的事情與中國所作的很吻合，例如領袖素質和心理素質的培訓、21 世紀的研究等。後來，他邀請我去華東師範大學，和當時的副院長及幾位不同學院的院長（包括文學院的朱杰人先生，負責輔導中心的葉斌老師）交流。交流過後，大家願意有更多合作，於是就嘗試了一些培訓項目。

我們又被邀請去做一些心理輔導和心理素質的培訓，漸漸形成一個新的平台 —— 華東師範大學與「突破」成立的「青年發展基金」合作，成立「青少年心理健康研究及培訓中心」，目的是在青少年的心理素質、領袖素質上作研究及培育，還有培訓青年工作者。這個培訓中心一直帶動着兩地的交流，揭開了「突破」異象的新一頁：回應中國內地的呼聲！

在上海研究交流的時候，我重遇了曾育彪弟兄。20 年前，我們曾在波士頓的聚會聊天。想不到 20 年後在上海重遇。交談的時候，他給我很多啟迪。

曾弟兄從中文大學去華東師範大學進行流動人口的研究。原來中國有大約 3 億流動人口是從農村移入城市，這些流動人口會將他們的子女帶入了城市，為數約 3000 萬，他們遭遇身分危機，各方面也匱乏。城市青少年的生命素質很重要，但流動人口的子女該如何立足於城市？有什麼身分？生命素質如何？將來的教育及就業有什麼方向？這些重大問題不止一個城市的青年人要面對，而是全國有很多城市都面對相似的情形。

於是我又禱告等候。就在那時候，香港理工大學、北京大學、澳洲的 Griffith University、「突破」的青年發展基金，以及國務院的「扶貧辦」一起在北京開始了「外來務工子女健康發展」的研究項目，「突破」的事工也因此展開了新里程：從研究和培訓城市青少年的生命，拓展到移居城市流動人口青少年的生命定位及裝備。

地震改變了我的方向

歷史的發展，出現了一個超乎想像的情況。

2008 年 5 月 12 日，四川汶川八級大地震，震撼了 22 個城市，90 個縣和村，當中 4500 萬人損失財產，1000 萬人失去家人，同時有 8 萬人失去生命，還有大約 2 萬人失蹤，造成了前所未有的災難。

我被邀請到四川作培訓，想不到這地震改變了我的方向。以往，我去四川都是幫助彝族的孩子計劃職業生涯及生命操練，但是 2008 年 5 月底我到了成都，在華西醫院的安排下，我進入災區作探訪交流，察覺當中有很多需要，包括物質上的需要，如很多學校、醫院、居所都要重建；也有很多截了肢的人，身體需要重新適應。神給我看見一個新的領域——他們的心理與心靈的重建，甚至將來面向世界的價值觀和生

涯規劃都要重建。這個新領域是個很大的挑戰。（有關這些故事，詳見第七章的「新天新地」—— 苦難中共建）

我禱告的時候，神給我看見的不單是四川，是整個國家都經歷了大大小小很多不同的災難：地震、旱災、水災，以及各種不能預測的災難。這些災難消息，成為 21 世紀的獨特現象。有的災難是由病菌引起，比如香港經歷的 SARS 和 H1N1 禽流感；有的是自然災害。許多天災和瘟疫，都引發環境上的大災難。這的確是一個苦難的國家，正如香港也有自己的苦澀和災難，中國怎樣能夠在苦難中重建？

自從香港回歸之後，香港和中國的年輕人都面對同樣考驗：生命素質應怎麼建立？生涯規劃該如何重新定位？神讓我看見祂是有憐憫的神，祂差遣我。神給我帶來的事工的感動。在這樣的情形下，「突破」的異象又增加了新的元素，回應中國大地子民所發出的呼聲。

小結：沒有違背起初的呼召

整體來說，「突破」的異象從始至終都沒有改變，就是青少年的生命工程和文化的更新。「突破」總幹事梁永泰弟兄，以四顆飛行石象徵我們的異象：

飛行石一：香港心 —— 立足香港；

飛行石二：民族情 —— 面向中國；

飛行石三：國際視野 —— 邁向世界；

飛行石四：創造主。

我們經歷的是，似乎每隔 10 年，神會按照處境的轉變，更新和拓闊我們的異象；然而，「突破」沒有離棄起初的異象，「突破運動」依舊繼續跟隨神的帶領，逐步按照時代的轉變不斷演化，回應青年人的需要。

在基督里以体会神的爱的丰华。（我们爱，因为神先爱我们。）啊，所经历的一切都是值得的、太值得的。于是我发誓要爱神更多，要为祂的国度滴尽心灵的每一滴血。

× × ×

回到了我的第一家乡——香港。

快有十年了，自从我离开了这地方，每次回去都是匆匆的，除了前年住医院那次，没有驻足超过三个月以上的。这个城市发展得这么快，它已经对我变得很陌生了。只有天空仍没有变——今年的初冬，天空仍是一样的高、一样的晴、一样的蓝，白云仍是飘得那样远。只有最高的大雾

航空稿纸

Y.B. 20×25＝500

給陶晔 感言
1972年十二月脫稿

我能为这个城市做什么？
苏恩佩

"Till we meet again, till we meet again,
Shalom, Shalom." 註一
在一群弟兄们响亮雄壮的祝福声中，我带着内心的激荡进入了departure gate，从此离开了我的第五个家乡註二——星加坡。在候机室里，上到飞机上，从裏面到离开了的心灵一直涌流着那么多的液体，我的眼睛擦了又湿、擦了又湿。泪眼模糊中，那一张张诚挚的脸孔浮现起来，显得那么清晰、那么真实。在那一刻那我知道我的泪水是甜的，我的整个灵魂在极其痛苦与幸福的混合中融化……。

蘇恩佩〈我能為這個城市做什麼？〉手稿

《突破》雜誌創刊號封面

《突破少年》創刊號封面

電台節目「突破時刻」

第二章

CALLING
呼召捨己背十架的神

於是耶穌對門徒說：「若有人要跟從我，就當捨己，背起他的十字架來跟從我。因為，凡要救自己生命〔生命或作靈魂；下同〕的，必喪掉生命；凡為我喪掉生命的，必得着生命。人若賺得全世界，賠上自己的生命，有什麼益處呢？人還能拿什麼換生命呢？

馬太福音 16：24-26

末底改託人回覆以斯帖說：「你莫想在王宮裏強過一切猶大人，得免這禍。此時你若閉口不言，猶大人必從別處得解脫，蒙拯救；你和你父家必致滅亡。焉知你得了王后的位分不是為現今的機會嗎？」以斯帖就吩咐人回報末底改說：「你當去招聚書珊城所有的猶大人，為我禁食三晝三夜，不吃不喝；我和我的宮女也要這樣禁食。然後我違例進去見王，我若死就死吧！」

以斯帖記 4：13-16

神呼召委身創路的僕人

主耶穌基督的吩咐最清楚，祂從來沒有欺騙跟從祂的人。祂直截了當地說：你要捨己、放下自己——可見人的心意很多時候和神的旨意有衝突，甚至主耶穌基督也向天父作過如此禱告：不是成就我的旨意，而是成就你的旨意。這段客西馬尼園的禱告，給我們很重要的提醒：連神的兒子成為人的時候都有自己的心思意念，也尋求順服天父的旨意，何況軟弱如我們？

背起十架，並非羅曼蒂克的邀請

背十字架不是一個羅曼蒂克的邀請：神的兒子藉着死亡戰勝死亡，藉着苦難戰勝苦難，十字架是個戰勝死亡的記號；可是之前它是一個刑具，是死亡和苦難的記號。

主耶穌基督要背負自己的十字架，祂的十字架沒有人能夠背，只有祂能夠。祂呼召：跟從祂的人也要背起自己的十字架來跟從祂。每個人遭遇的考驗都不同，每個人的十字架都不同。既然十字架是一個死亡、苦難和審判的記號，祂邀請我們走一條十字架的路，就是與祂一同進入苦難。但我們不用擔心，因為主耶穌基督擔當我們的苦難，祂也要分擔我們在基督裏的苦難，所以我們要進入這個苦難的世界，進到神呼召我們服侍的人當中，與他們分擔苦難。別忘記十字架也是一個公義、憐憫、勝過死亡和救恩的記號，背十架的過程中我們定能更深刻認識生命的主。

我們走另一條路

以斯帖在波斯王宮面對滅族危機。重臣哈曼慫恿王設立了一條將猶大人滅族的議案，末底改聽到消息後，就披麻蒙灰，進入宮中找他養大、又當上了王后的以斯帖，對她說：「焉知你得了王后的位分不是為現今的機會嗎？」希望她在王面前為猶大族講話。她最初猶疑，後來也禁食禱告，並且叫末底改和同胞們一同禁食禱告。她接下來的那句話很重要：「我違例進去見王，我若死就死吧！」我們很多時候走十字架的路，都好像違背地上的權力架構和一般工作的方式，將自己的生命擺上，死就死吧！

蘇恩佩很喜歡和我們一起讀德國神學家潘霍華（Dietrich Bonhoeffer）寫的《追隨基督》（*The Cost of Discipleship*）。

潘霍華處於德國被納粹政府管治的時代，他卻發出另類的聲音。當時的教會和納粹政權走同樣的路，潘霍華認定跟隨基督，不要順服當時的政權。結果，他選擇了另一條路，因而被關在納粹軍集中營，在德軍宣佈戰敗之前被判死刑，死的時候僅 39 歲。

他在書中引用主耶穌的那句話：「若有人要跟從我，就當捨己，背起他的十字架來跟從我。」（太 16：24）他的翻譯是當主耶穌呼召一個人的時候，是在呼召他跟隨自己，以至於死（When Jesus Christ calls a man, he bids him come and die.）。這種死亡，不過是對恩典的回應，正如潘霍華提到，神的恩典，若不是擺上生命的恩典，就只是「廉價的恩典」（cheap grace）。我們細讀這些書，領受做門徒的代價。

先捨棄　後得着

主耶穌基督邀請我們捨己背十架來跟從祂。跟從祂的意思就是不隨己意而行，而是要走耶穌基督要我們走的路。我們活在世上，很多時候被世界吸引，要賺得全世界，擁有全世界，在世界上拿到光彩和意義；十字架卻邀請我們走另一條路，這條路似乎使我們捨棄生命，其實得着生命。好像是走進苦難，其實勝過苦難。這個真理貫串了新舊約《聖經》，是歷代眾先知跟隨天父的呼召的樣式：擺上生命，有些甚至失去生命。

回顧「突破運動」的歷史發展，我深信異象是從神而來。神賜下異象，也親自呼召願意委身跟隨祂的人，並開創一些人看不見的路。

一、不少人卻選擇了走另類的路

「突破運動」是神呼召、揀選了一班願意委身跟隨祂的人，走一些好像很另類、很不同的路。

第一位最清楚看到這個異象，而且聽到這個呼召的是蘇恩佩。我們一起等候的時候，她聽到從上面來的呼召，所以徹徹底底把生命再獻上。

《突破》雜誌出版之後，她又看到少年人的需要，創辦了《突破少年》。很多人笑她，覺得她好像在條件很不成熟，人才、資源不足的時候，開辦這兩份雜誌。她一直安靜順服，捨己背起十字架，帶着自己的疾病，走上這條路。「突破」成為獨立機構不久，1982 年復活節的清晨，天父就把蘇恩佩姊妹接到祂的懷中安息。恩佩一向對藥物敏感，又感染了一些病毒，最終她因心臟受到病毒感染而離世。她走得很平安。在追思禮拜上，來自不同地方的弟兄姊妹聚在一起懷念恩佩。她被天父接到懷中時是平安的，而她在墓碑上面只刻上這句「我的恩典夠你用的，因為我的能力是在人的軟弱上顯得完全。」(林後 12：9)

我們每一次去恩佩的墓碑前，都會再次默想這個尊貴的生命，以及這個甘心將自己生命擺上的見證，也想起在最後一次與她對話時，她留下的一句「沒有遺憾！」

從來沒有想過走一條不同的路

我在醫院工作，是我很喜歡的工作，一點也沒有嫌棄。無論職業地位、收入，還是生活，都是一份穩定也很有意義的工作，更重要是有一份安全感。我和太太很同心，從結婚的第一天，就已經立志：「至於我和我的家，必定事奉耶和華。」這是沒有猶疑的。但是我們以為很簡單，她是護士，我是醫生，大家都在醫療的領域事奉，卻從來沒有想過走一條不同的路。

神呼召一個人好像祂呼召門徒一樣，要他開到水深之處下網打魚，「水深之處」就是遠離我們的安全區（comfort zone)。所以，投身青年工作的時候，我沒有把握、沒有信心，也覺得自己沒有足夠的裝備，很不安全。

更大的考驗來自父母。母親後來信主，比較能夠明白我的決定；但是，父親在我信主以後差不多 30 年才信主，那段時間裏他對我的選擇有很多不同意見。他認為我是蔡家第一個考上大學、成為醫生的人，不應放棄這受人尊重、收入穩定的職業，去作一份毫無保障的工作，也叫他丟臉。雖然很多人鼓勵我，但是父親的拒絕讓我有很多掙扎。當然，繼續走下去的時候，我發現自己的信心還不夠，對自己的能力有很多懷疑。但是，我提醒自己這些是神的工作，應該放下己意跟從祂，放下自己缺乏自信的想法，甚至放下對父親的看法，踏上這條路。

那時，輔導還不是熱門行業

在那段時間與恩佩同時委身的也有幾個人。我們同樣領受這個呼聲，聽到從神而來的呼召。當然每個人走的路都不同。

詹維明姊妹在輔導領域是我們的前輩。那時的香港，輔導還不是熱門的行業，她可以算是香港在這個領域的創路者之一。上一章提過，她建議設立「明心信箱」，回應年輕人在成長、家庭的掙扎，以及他們生命成長中重重的障礙。最初，她以義工的身分參與，最後全身投入「突破」，一直在輔導領域裏承擔很重要的培訓、督導、培育和前線的工作。後來，神帶領她到其他領域和地方事奉，仍是從事心理輔導和生命工程的工作，沒有離棄起初的異象。

進入光影戰場

梁永泰弟兄從開始就投身「突破運動」。最初恩佩希望栽培他成為「突破」文字工作的重要接班人，也鼓勵他再裝備，然後承擔更多。

他與太太一起禱告等候，毅然放下一份很安穩的中學教職工作，舉家去美國進修神學、傳理學，後來又進入了南加州大學電影學院接受電影的訓練，完成了傳理學博士。每次外出留學，都要付上很多代價：舉家搬遷、經濟上以及各方面的需求都不少，他都憑信心依靠主。他到如今都沒有離開起初的異象，將自己和全家的生命擺上，承擔這個使命。在青少年文化的戰場上，特別在影音媒介的領域，成為建立年輕人、建立文化的重要開拓者。

我可不可以多做 10 年？

談到「突破」事工的創路者，不可不提的就是 2008 年安息主懷的謝文策弟兄。還記得「突破」最初希望透過不同形式的活動建立青少年的生命。當初的活動，無論是開營會、讀者營、講座，甚至很大型的「突破之夜」，基本上都由義工主導。後來，我們希望找來專職的人負責，這時謝文策弟兄就出現了。他在青年機構服務，很得到上司賞識，但是他領受神的感動，很想在「突破」透過讀者活動、人際接觸來建立年輕人，也對教會很有負擔。

我永遠不會忘記他面試的情景：我問他考慮在「突破」做多久？他直截了當說：「我預備做 10 年。」很少見到有人在見工的時候，主動提出要做 10 年。但是想不到，10 年之後，他再找我，「蔡醫，10 年過去了，我可不可以多做 10 年？」10 年又過去，他再對我説，想再續 10 年。

轉眼之間，就過了三個 10 年，直到他心臟病發離開，他已經在「突破」30 年如一日地事奉，成為了「突破」另一位開創者：在人際事工、讀者活動、生命更新上，也為「突破」與教會青年工作接軌的一位重要先導者。（後來他擔任「突破青年村」中「更新園」的主管）

除了開拓者，在「突破」不斷拓展的過程中，神繼續呼召一些願意委身的人加入這個運動，分擔重任。這裏略舉一二。

李兆康弟兄是我的中學校友，在同一間神學院接受神學和輔導訓練，他加入「突破」後，承擔了輔導工作，後來更成為副總幹事，肩負很重的行政管理職責。還有前文提到的曾育彪弟兄。他放下中文大學安舒的教授職位，毅然投身加入「突破運動」，從事內地流動人口和相關的弱勢羣體政策的研究，在國內的事工上扮演很重要的角色。

美好搭配，由義工開新路

除了同工先導者，很多義工也在「突破」的事工上擔當先導的角色，雖然他們沒有加入「突破」作全職同工，但卻為「突破」開了很多新路。其中一位是李金漢弟兄，後來成為中文大學的教授。「突破」草創時，他已經當我們的義工；在我讀神學的兩年間，他代我兼職任「突破出版社」的社長。他引進了一個觀念，從另一個角度看我們的受眾：他們的需要，我們的回應，他引領我們思考，所作的能否在受眾身上達到應有的果效。

他在行政、人事管理、以及研究工作方面給我們很多啟導，也領很多訓練。雖然他從來沒有成為我們專職的同工（除了他替代我的那段時間是部分時間的同工），但他在「突破運動」裏一直是重要的倡導者和先鋒人物。

余達心弟兄和盧龍光弟兄，很早已經參與「突破」的出版策劃及編輯工作。他們在文字工作的信息內涵、《聖經》內涵和神學反省方面帶給我們很多啟發（特別是針對年輕人在文化場景、社會處境，如何合宜回應），影響所及，致使我們一直都非常注重事工的《聖經》、神學反省，以及在社會、文化所扮演的角色。

「突破」剛開始時，專職同工只有三人，義工數百人（包括送雜誌上門的小信差），還有不少積極回應的青少年讀者，以及以禱告和奉獻支援的同行者。我們看到眾多同工、義工以不同的身分回應神的呼召，也體悟到神差遣不同的人參與，是為要在服侍年輕人的工作上扮演不同的角色。這裏有限的篇幅只能夠列舉上述一些例子。

回首過去的路，神真的興起了很多人來到我們中間：呼召他們，他們放下自己，成為這個運動的一部分創路先行者。行筆至此，仍然特別懷念恩佩和文策，他們真是在「突破運動」中擺上自己的生命，安息主懷。他們所留下的生命見證我們不會忘記。

二、有開創的，有承傳的

很多「運動」經過一代以後會失去原來的異象，也缺乏接班人；一代接一代，傳遞異象，委身異象的銜接都不容易。「突破」在這方面也經歷許多掙扎，不過也見證了神的作為和恩典。

許多時候，我們是一邊摸索一邊等候，每個階段神都按照事工的需要，感動弟兄姊妹放下外面穩定又專業的工作，投身這個運動。即使知道這個運動在人力和財力資源上有很多限制，他們仍然甘心擺上，就這樣一代接一代，繼續開拓新的領域。

個性鮮明的文化耕耘者

文化這戰線上需要很多不同類型的人接上。

恩佩在文化事工方面不單是異象和委身的先驅者，也藉訓練，讓一代接一代，薪火相傳，將這異象傳遞下去。

恩佩不但將生命擺上獻給神，也將生命投放在同工成長上。作者的每一篇文章，她都很用心地改。我的文章被她改了以後，從中得到很多的啟發。這些改動不單是技術的交流，也是生命的交流、異象的傳遞，默默將異象和使命，一代接一代傳了下去。

當我們認識到少年人有特別的需要，在《突破》雜誌以外開辦《突破少年》。神興起新一批的文字工作者，包括前文提過的程正家、蕭鋭志、楊碧瑤、黃鳳玲等人，年紀輕輕，便委身文字工作。恩佩花了很多時間在他們身上，與他們同行，透過事工與生命的交流將異象傳遞下去。見到他們一路走來不單是領受，也對少年人的文字工作很有看法。有的後來離開了「突破」，比如蕭鋭志，但是他還是繼續做少年牧養工作；程正家去了大學教書，做一些跟少年成長有關的研究和教學。

在文字事工開始的階段，起初是一個一個義工參與，後來才有全職同工加入，先後有何盛華、文蘭芳、吳思源、梁家麟、許立中、羅乃萱、徐慧儀等。現今都是這戰線上舉足輕重的文字工作者。

「突破運動」裏，也有一些人起初任義工，然後找到新的路向離開了，後來卻又再加入，其中一位就是曾任「突破出版社」副社長的李淑潔姊妹。當初她在加拿大讀精神科護士，也接受過心理輔導訓練。但是她一心想學習做文字工作，去台灣尋師拜門，後在香港遇見了恩佩，恩佩很欣賞她，而她也成為恩佩很重要的支持者。

結果，她不僅投入文字文化事工中，還加入「突破輔導中心」，投入心理輔導行列。期間她遇上了終身配偶 Freeman Chan，一起回加拿大成家立室，並誕下兩個孩子，也做過一段時間的教學工作。孩子稍長，神再呼召她和 Freeman 回來香港。過去 20 多年，他們一直都在香港，成為我們在中國的培訓同工。Freeman 更是「突破青年村」的建築師。

恩佩是一個藝術家，對藝術和設計很執著，認為文字工作要與設計和藝術配合。在美術上參與的人，有義工，也有成為同工的，包括後來許朝英、孫淑興、周仲年等，他們那時還是青年人，一同來做義工，後來也有梁淑賢，她擔任設計工作，又如郭兆明、關湛機、黃毅之等同工相繼加入。可惜，梁淑賢在一次交通意外中安息主懷，她的生命見證仍然照亮我們。

靈魂醫治者

任何屬於神的工作，神必定會揀選並預備合適的人。

輔導方面，最初詹維明扮演倡導的角色，後來我也在有參與。至於第一位全職投入「突破輔導中心」的主任就是鄭建城，他本來做社會工作的，但神感動他，他就選擇了一條不同的路，開辦了另類的心理輔導工作：以青少年為對象、結合《聖經》為根基，開闢新的專業路線。他和他的家一直扮演很重要的角色，也凝聚了很多同工和義工。後來他去了加拿大，但也是心靈工作內一位很重要的承接者。

後來，「突破」要開拓一些專業輔導培訓，神又陸續呼召了很多人，如林孟平、譚秀薇、林耀鴻、梁湘明、陳幼莉、葉萬壽、區祥江及沈淑文等，他們現今在教育、輔導等領域內獨當一面。

多媒體創作人

影音事工在梁永泰弟兄的帶領下，吸納了很多人投身。任志強曾任突破影音事工總監，今天他已經在神學院裏任教；徐潔仁是主力編導之一，今天在建築行業工作。

我們看到在這個領域先後有不同的同工、義工參加，在「突破運動」裏面擔任參與、承擔和承接的角色，今天他們很多都在傳播界、影音界裏繼續扮演重要的角色。

人際關懷者

謝文策弟兄開創讀者活動後，吸引了很多義工相繼參與，有的後來成為了同工，如李德誠、周思藝也曾是義工，他們後來成為「青少年發展中心」(Youth Development Center) 的同工。

蕭智剛原先是我們的閱覽室同工，後來他裝備自己，再次投入我們的青少年工作。今天他在一所獨立機構栽培年輕人，裝備他們的生命。

網絡拓展者

當「突破」逐漸發展壯大，我們需要建立及拓展網絡，連結對外羣體。

不得不提廖錦芬姊妹，當年她在廉政公署有高薪厚職，神呼召她讀神學，再進入基督教機構工作。她看到「突破中心」植根香港的呼召，又看到了「突破青年村」的建立，就加入成為我們外事組的主管，在外事同行者的網絡建立上扮演很重要的角色。一位與她緊密同工的鄭淑薇姊妹，也在中國的事工中舉足輕重。這些姊妹在幕後任重道遠，但也付上很大的代價，真的在「突破運動」擺上自己，獻出了生命。她們現已安息主懷，但我們十分懷念她們敬神、敬業的精神。

與她們同時期加入的潘鳳參姊妹，負責內外的行政工作，承擔很多。潘鳳參姊妹是私人機構的高級行政人員，但是她放下工作，投身進來；退休後仍然是我們在四川及上海培育事工的重要義工，以生命建立內地的青年工作者。

行政管理人

「突破」事工發展到更大規模的時候，機構在行政、人事、市場開拓、管理等各個方面都陸續需要人手。

李金漢弟兄很早已經看見這個需要，正當我們實在要面對時，神預備了前文提到的伍李秀麗和萬樂人姊妹。伍李秀麗姊妹，本來在一間大企業擔任人事管理及培訓的高職，是「突破」的顧問。後來，她患上癌症，在等候前路時，神感動她放下優薪厚職，加入「突破」，後來成為副總幹事，承擔整個機構的行政管理工作。萬樂人姊妹本來在大型商業機構擔任人事管理和培訓工作，領受神的呼召，放下原本的事業加入「突破」。還有伍蕙珠姊妹，本來在職業訓練局任職財務管理，也委身成為「突破」的財務部主管，並且協助培育同工。

在市場開拓的工作上，神也為我們預備了很多同工，其中一位我特別想提的是吳渭濱弟兄，他做了很多年市場相關的工作，但是神感動他放下一切加入「突破」，一直帶領整個市場部，一直委身在此，為「突破」的產品開拓本港、內地及海外的市場。

青年培訓者

在中國的事工上，我們也看見了神的預備，張彩蘭姊妹曾經在內地銀行工作，但是神感動她，讓她看見北京民工子弟的需要。於是她委身「突破」，之後還住在北京，在那裏成為我們主導的同工。明皓在哈佛大學修畢政策研究的博士學位，聽到了神的呼召後，投身並委身參與內地青少年政策研究工作。趙慧雲本是輔導中心同工，但她有一顆宣教心，今天全力分擔內地的培訓青少年工作者的事工；還有受過神學與輔導訓練的高金英，今天全時間定居四川，協助五一二地震後的災區心理康復培訓工作。

更令我們感恩的是在上海、北京及四川，都先後出現當地的專業同工，承擔青少年培育工作。

我和我的家，都事奉耶和華

能全家事奉神實在美好。感謝天父，我兩個兒子都加入「突破運動」，成為了全職同工。我從來沒有刻意引導他們在「突破」事奉，但是小兒子暉明念完臨牀心理學，長子廉明修畢傳播學及神學後，都先後被神感動；最初以義工的身分參與，後來全職加入這場運動。

我要由衷感激與我同行逾 40 年的太太 Ellen，她用心培養子孫，多年來將家庭開放，接待青少年，甚至有幾年接待一些少年人住在家中，視他們如兒女。最近幾年，更在家中開始了幾個長期的查經班，以神的道牧養下一代，其中不少是「突破」同行者的第二代，也成為了「突破運動」的同行者。Ellen 在家中的承擔及接待的真情，是薪火相傳的一個重要元素。

小結：同心同工，同作見證

這些故事讓我們看見，神親自呼召工人作祂的工。

如果五年算是一代，「突破」從開始到現在已經有七代。我很相信事工是一代接一代、薪火相傳的，我們仍然為每一代禱告。但願我們不會離開起初的異象，在生命和文化的裝備上願意繼續被神模造，成為合用的工人。

無論哪一代，作主工人的，都必須有共同的素質：就是順服的心、謙卑的心、捨己的心，以及願意背十字架的心，以至我們在這個運動上可以繼續參與，能夠見證神的作為。

1975年界限街「突破輔導中心」同工，後排左起：鄭建城、蔡元雲、詹維明；前排左起：李淑潔、林孟平、譚秀薇、羅慧玉、林耀鴻、方麗

前排李淑潔夫婦，後排左起：梁永泰、趙慧雲、潘鳳參

1986年「突破輔導中心」同工

蔡元雲醫生一家與梁錦波校長（最右）

第三章

PRESENCE
同行同工的神

摩西對耶和華說：「你吩咐我說：『將這百姓領上去』，卻沒有叫我知道你要打發誰與我同去，只說：『我按你的名認識你，你在我眼前也蒙了恩。』我如今若在你眼前蒙恩，求你將你的道指示我，使我可以認識你，好在你眼前蒙恩。求你想到這民是你的民。」耶和華說：「我必親自和你同去，使你得安息。」摩西說：「你若不親自和我同去，就不要把我們從這裏領上去。人在何事上得以知道我和你的百姓在你眼前蒙恩呢？豈不是因你與我們同去、使我和你的百姓與地上的萬民有分別嗎？」耶和華對摩西說：「你這所求的我也要行；因為你在我眼前蒙了恩，並且我按你的名認識你。」摩西說：「求你顯出你的榮耀給我看。」耶和華說：「我要顯我一切的恩慈，在你面前經過，宣告我的名。我要恩待誰就恩待誰；要憐憫誰就憐憫誰」；又說：「你不能看見我的面，因為人見我的面不能存活。」耶和華說：「看哪，在我這裏有地方，你要站在磐石上。我的榮耀經過的時候，我必將你放在磐石穴中，用我的手遮掩你，等我過去，然後我要將我的手收回，你就得見我的背，卻不得見我的面。」

出埃及記 33：12-23

我栽種了，亞波羅澆灌了，唯有神叫他生長。可見栽種的，算不得什麼，澆灌的，也算不得什麼；只在那叫他生長的神。栽種的和澆灌的，都是一樣，但將來各人要照自己的工夫得自己的賞賜。因為我們是與神同工的；你們是神所耕種的田地，所建造的房屋。我照神所給我的恩，好像一個聰明的工頭，立好了根基，有別人在上面建造；只是各人要謹慎怎樣在上面建造。因為那已經立好的根基就是耶穌基督，此外沒有人能立別的根基。

哥林多前書 3：6-11

從恐懼到敬畏

昔日吩咐摩西帶領以色列人出埃及的神，也是今日我們的神。那時神將這項又大又難、幾乎不可能的任務交託給摩西。摩西在路上遇到很多困難，最難的要算是百姓中出現了許多的叛逆和問題。當摩西上山，神將十誡頒佈給他的時候，一羣以色列人竟然在摩西的哥哥亞倫領導之下，造了一個金牛犢，繼而要拜牠。所以，摩西下山的時候神非常憤怒，說要離開以色列民，不再與他們前行。於是摩西在神面前懇切地禱告，說，你一定要和我們同去，如果你不和我們去，我們怎麼能夠再繼續走呢？神就回應說：「我必親自和你同去，使你得安息。」

安息，是一個與神緊密同行的關係，是神同在的印證。當主帶領一個人，與他同在的時候，他心裏能夠得享一種安息和平靜，是只有神能夠賜予的。在新約裏，神也借着祂的聖靈使我們在基督裏面享有出人意外的平安，這都是神同在的印證。

但是摩西還嫌不足夠，說繼續要神的同行，在神面前蒙恩，使世人知道神與別不同，而眾百姓與地上的萬民有分別。神答應他會彰顯祂的行動和工作，叫他可以見到神的榮耀，這個榮耀不是面對面看見的，而是等神走過之後才看到的。

最終榮耀，是享受和神面對面的同在

這段經文對我們理解「榮耀」有很多啟發：最終的榮耀，是我們回到天家時享受神面對面的同在，在新天新地所見的榮耀。在地上，神藉着祂所造之物、祂的作為和祂改變人心的大能彰顯榮耀。宇宙萬物都是祂的受造之物，在祂的掌握之中，祂以自己公義慈愛的行為來彰顯榮耀。這段經文教曉我們：神同在的印證，即安息和平靜安穩；也有外面的印證，即見到神的榮耀。

到了新約時代，另一個給我們很多指示和鼓勵的是使徒保羅。神賜他異象使他成為外邦人的使徒，這是幾乎不可能的。當時整個羅馬帝國權傾天下，統管歐亞非，神竟然揀選保羅成為外邦的使徒，將神的恩典和真理在這個帝國中彰顯。不過，保羅在神面前看見一個很重要的原則，人的確要承擔從神而來的使命。他是一位栽種者，將神的道、信息和天國的福音四出傳揚，也用言語、文字和行動來見證神的作為。保羅深信是神，也只有神，能夠叫生命成長。他察覺生命的成長就看見神的作為。他知道被呼召參與一項「生命工程」，而這個事工的根基乃是耶穌基督，其他人都是在這根基上建造。所以，無論是生命的成長，抑或是羅馬帝國裏的文化更新，他都認定：「我們是與神同工的。」他倚靠的是神的靈和神的話，方能成事。

恐懼，被神改變成敬畏的心

縱觀《聖經》從舊約到新約，神對每一個被祂揀選、差派去承擔使命、分擔事工的人，都應許必定與他們同在，正如主耶穌基督說：「我就常與你們同在，直到世界的末了。」（太28：20）

回顧「突破運動」的過程，我發現這是真實的。每個跟隨神、事奉神的人，很多時由於軟弱和信心不足，心中都有一種恐懼，覺得很艱巨、難處很多，很多時會卻步。但是《聖經》說：「愛裏沒有懼怕。」（約一 4：18）當我們能夠活在神的愛裏，與祂相連，我們內裏的恐懼就被神的靈改變成一種敬畏的心：從恐懼親近神變成“fear of the Lord”——敬畏神的心。抱持這顆敬畏神的心，就知道我們每一刻都活在神的同行、同在、同工當中，每一刻也活在祂的心意和眼光當中，經歷聖靈將愛與能力澆灌在我們心中。

參與「突破運動」的過程中，我不斷地尋求一件事——神同在同行的明證。我知道既然給異象的是神，呼召我跟隨祂的是神，祂既將青少年的生命工程與文化更新的使命交給我們，我們定能找到祂同在同行的印證。

一、神的靈、神的話、神的作為

從「突破」誕生的第一天，我們就有許多說不出的懼怕，即使蘇恩佩姊妹也一樣。

回港後，一定不會再辦雜誌！

恩佩說過，回到香港之後，一定不會再辦雜誌！因為她過去在台灣和新加坡，神呼召她成為兩份雜誌的總編輯，她十分清楚背後種種艱難和許多不能想像的處境：數不盡的死線在追趕，人力、財力以及各方面的艱巨，還有許多人在一起工作的困難，畢竟雜誌不是一個人可以做出來的。

雖然眾多不利的處境，但許多肢體在一起等候禱告的時候，就察覺到神所賜的平安是無法動搖的，是人無法自己製造出來的。恩佩在《突破》雜誌走過 10 年的路，我親自見到她的起起跌跌。恩佩的身體十分軟弱，不只是癌細胞一直讓她的生命好像和死亡同行，血壓及很多器官所出的問題，使她差不多每一天都活在人不能自控的身體軟弱當中；而同工的軟弱和難處，也是恩佩面對的考驗，加上處境的萬變甚至是不能預測，更加劇了對她的挑戰。但是我們看恩佩所寫的最後一本書《死亡，別狂傲》，就明白這麼多年來，她知道耶穌一直與她同在，她不只和死亡同行，其實聖靈正住在她的心中，賜給她出人意外的平安。「突破」開始的時候，我們很年輕，不是很明白這些道理，但是和恩佩一起事奉的時候，就學習到了。

把所做的，建於基督話語的根基上

每一次編輯稿件的時候，恩佩都堅持要我們按《聖經》的道理尋找印證，以致知道我們所寫的是與神同工。《聖經》中有些題目沒有直接談及，但是可以尋到一些原則性的啟示。有一期，我要負責處理黑社會的議題，當時我戰戰兢兢，很想與神的靈同工，把所做的都建立在基督話語的根基上。於是我就在《聖經》裏到處尋找有關黑社會的內容和指示。結果發現，大衛王被掃羅王追殺期間，曾陷在極度的艱難中，身邊很多願意為他出生入死的勇士。這些小羣體，的確很像江湖豪傑，他們勇猛，但也有幽暗。

還有，我們舉辦過多次大型讀者活動——「突破之夜」，其中一場是在旺角球場舉行，數以千計的年輕人聚首，當中的節目包括：民歌、福音歌曲、福音舞蹈音樂劇等。當時恩佩安靜等候從神而來的信息，結果神用以西結所見到的異象感動她——枯骨復活。於是她與我們一同分享、禱告，我們都相信我們需要被神的風和神的靈來吹動，好讓枯乾的骸骨再次被復活的生命充滿，支離破碎的骨骼也都能夠結合，在基督裏成為一體。雖然籌備過程中經歷很多艱難，但後來全場爆滿，很多年輕人都一起見證了神的話語、神的同在，以及神恩典的臨到。

每當我們回顧這許許多多的見證，就真的看見神的恩典在我們中間。

發行商很懷疑，擔心這片子無人看

影音事工又是另一場硬仗。永泰弟兄很喜歡〈哥林多後書〉10 章 4 至 5 節的經文:「我們爭戰的兵器本不是屬血氣的，乃是在神面前有能力，可以攻破堅固的營壘，將各樣的計謀，各樣攔阻人認識神的那些自高之事，一概攻破了，又將人所有的心意奪回，使他都順服基督。」

我們發覺大眾的影音媒體好像一層層堡壘將人籠罩，人在其中，意念、價值以及各方面都感到困惑；而這些媒介成為人和神之間的重重障礙。所以我們踏入大眾傳媒戰場的時候，經常感到自己的力量很單薄。

影音事工的困難，在於播放錄像製作都是用人家的場所和渠道，完全不在自己的掌握之中。難上加難的，是把影音廣泛播放，因為播放的平台都是屬於政府或是商業的，而且事工開始時，沒有全職同工，地方和設備都不足，機器簡陋，連送機器去現場播映的車都沒有。

製作紀錄片《根》的時候，我們需要很多部放映機，把畫像、錄影、相片結合成為一個多元媒體的作品，才能製作及放映。資源有限，但神感動很多人前仆後繼參與，完成了這部製作。

後來，我們到世界各地播映，神也與我們同工。我和永泰的隊工到多倫多，借了一間戲院來播放《根》。最初戲院很懷疑，這樣的製作有沒有人來看。結果，場場滿座，他們希望影片能繼續在那裏播放。而且，不只是播映，還有人在場上作講解回應。其中一場，我和永泰疲倦不堪，躺在戲院附近街邊的草地上。雖然身體疲乏，卻感覺到神的同在和心中那種說不出的平安喜悅。見到人們對《根》這部作品的反應，引起關於生命的思考，反思生命的「根」植在哪裏。我知道是神在工作。

1989 年，我們製作了《亞太新人類》紀錄片，走訪幾個亞洲的重要城市，了解亞洲的新人類怎樣面對新世紀，並將新人類的面貌攝錄了下來：他們的生活狀況、他們的夢想、他們的掙扎……要完成這部作品，人力、資金方面都很吃力，但要在電台及電視台拿到播放的時段，更是極其困難！我們花了很多時間為此禱告。結果，這套影片在亞洲電視播放，翌年還榮獲紐約國際電影電視節優異獎。

求把這山給我們

還有一幕也非常難忘。每隔一段時間，我們都要和電台談「突破時刻」的續約事宜。那時，兩個大電視台以及商業電台都在「五台山」上。我和永泰在山上其中一個小小的公園裏安靜地同心禱告，我記得自己的禱告："Lord, give us this mountain."，求神將「五台山」賜給我們。我們便進去和商台及亞洲電視與負責的同事對話，一次又一次，相當艱難。最終，商台決定和我們續約，不僅延續「突破時刻」，還補貼了一部分的製作費用；亞洲電視也繼續開放它的頻道給我們，不但沒有收取播放時段的費用，還在製作上提供了一部分贊助。

我一邊回顧，一邊不斷地感恩。無論是電台節目、《根》、《亞太新人類》及日後的影音製作《再見東歐》，都引起很多青少年的迴響。回顧這一幕幕，明白這一切都不是出於人的作為，看到的都是神的作為，乃是神彰顯祂的工作、祂的榮耀。

人心難測，唯深信神與我們同工

在人際事工方面，我們也遇到了考驗。

在人際輔導的服侍過程中，無論我們怎樣努力，青少年得到的幫助也很有限，有的受導者從小到大經歷過很多創傷，很多苦澀、很多艱難。一個個的個案，有時在小組裏跟進，有時在營會裏接觸，可是往往由於人的言語有限，而營會和小組的籌備也有很多限制，沒法評估能得到什麼實質的果效，然而我們深信神真的與我們同工。

最初開始輔導事工的時候，曾經被人批評是取代了聖靈的工作，真的擔當不起。我常常提醒自己，每一次走進輔導室，除了我和受導者，聖靈也同在，感動我的靈會在輔導當中引導我，在受導者心中也有指示。我知道自己只不過是被使用的僕人，將神的愛、神的同在帶進輔導室，帶進這些人的生命當中。只有神能夠叫人的生命改變。

還記得一些不能想像的個案，我曾經和同工去監獄探訪被囚的青年人。那時心裏很害怕，疑惑自己能做些什麼。後來才明白我們做的只是撒種的工作。監獄裏繼續有人澆灌、跟進，有時是監獄牧養事工的同工，有時是一些被囚的人後來成為了信仰的同行者，還有一些獲釋後在非牟利機構當中服務社會。

有一個囚犯原本被判死刑，後來改判終身監禁，在獄中信了主，得到牧養並接受遙距的《聖經》課程。我最近再探望他，得悉他將被釋放出獄了，更預備全職事奉主。這個過程，我們做的很少，卻見到很多人跟進和澆灌。陪伴每個案主也許得花上一年、五年、甚至十年，是神叫他們生命成長，人無法取代神的工作。

二、你們是世上的光

「突破青年村」像一座城，建在山上

對「突破」的發展來説，另一個重要的項目就是建立「突破青年村」。政府雖然分配了一塊地給我們（詳見第四章），但是我們仍需要籌 1 億 8000 萬元，匯聚不同專業的人才，包括有信用的建築公司、建築師、工程師、工地管理人員，更加重要的是，還需要新同工。憑什麼承擔這麼大的計劃呢？但是，我們每每經歷到神的同在。

神賜給我們一個印證，就像我們每一次做工的時候，神都藉着一些話語給我們帶來安慰。神給我們一段經文：「你們是世上的光。城造在山上是不能隱藏的。」（太 5：14）「突破青年村」好像一座城，建在山上（亞公角山），是不能隱藏的，這個地方屬於神，也有神自己的同在。我們很相信，我們只不過是一羣見證人，所做的都是靠着神的恩典，我們的光是從主耶穌基督而來，我們也要成為世上的光。

在建築過程中，神為我們預備了合適的夥伴，也供應所需要的人力物力，成就了這工程。「突破青年村」已經建立了近 20 年了，在這些年日裏，我們真的見到神很多榮耀：每一年到「突破青年村」的人次都差不多有 10 萬，有的來自不同教會，有的來自學校。

這裏滿有靈氣

很多人來到這個地方都有一個相同的感覺，這裏很有靈氣。我們最初不知道這種「靈氣」是什麼？但是再留心思想、觀看的時候，就發現，無論是敬拜的地方——小禮堂、草地、還是每一個房間，都是經過悉心設計和禱告等候的。建築師 Freeman Chan 是以奉獻的心來做的，當年他放下很多工作，和我們結成夥伴，專注在「突破青年村」的建築。不止如此，很多建築夥伴和合作夥伴都用心用力，不是為了謀利，而是真心真意地為青少年建造一座培訓基地。在在都印證了神的作為。

在「突破青年村」的建築過程中，無論是硬件、軟件、人才、財力，我們都遭遇很多考驗，有很多恐懼，同工們都覺得那是又大又難和不可能的事。一步一步走下去的時候，又遇到很多考驗，往往是我們未曾經歷過的。即使「突破青年村」建成，每一天迎接、培育青年人和青年工作者也是戰戰兢兢。

現在回頭再看，真是有很多的印證。負責營地的同工，無論是保安、廚房、清潔、營會的，都見證得到，在「突破青年村」的確有愛存在，也有神的同在。我們為這一切獻上感恩。

與建制直接對話，戰戰兢兢

香港回歸之前，「突破」由於「突破青年村」的興建和在很多青年事工上的參與，漸漸引起了外界及政府的關注。我、永泰和一些同工，陸續接受政府邀請到建制裏作青年政策諮詢的委員並進行相關研究。「突破」一直都是百分百在政府建制以外的民間組織：沒有拿政府的資助，不屬於政府的機構。我們一向在建制外發出很多意見，並傳遞一些年輕人的意見進入建制。但是突然之間，我們要與建制進行直接對話和參與，我們對此戰戰兢兢。

2002 年，政府委任我作青年事務委員會主席，我心裏十分抗拒，還有恐懼，覺得自己一向都喜歡作前線工作者 —— 無論是青少年的工作、生命工程，文化工程，又或培育工作。一旦進入建制，就要在青年事務方面負責政策的顧問、研究、推廣。前文提到的李金漢弟兄，當時是董事會成員，和我談話，他的説話觸動了我：「起初我們的異象，豈不就是希望在香港青年人的成長，甚至處境當中產生影響力？而且希望政府在決策的層面，制定出一些對青少年成長有幫助的政策嗎？如今，政府正式邀請我們，我們豈能推辭呢？」整個董事會和同工決定全力支持我們，投入這個新的角色。

在政制當中，我們是以義工身分參與其中。我們與時任特首談過不止一次，表示希望我們不是以個人名義參與，而是整個「突破機構」在背後支持。我們希望幫助青少年直接和特首、局長以及制定政策的官員進行對話，我們編寫的有關青年人的政策，也希望能夠直接傳達給香港政府的中央政策組及其他執行政策的相關部門，以作參考，促使他們做一些相應的回應。

服侍青少年，也要政策和制度配合

昔日摩西被差遣領以色列人出埃及，神對他說：「我的百姓在埃及所受的困苦，我實在看見了；他們因受督工的轄制所發的哀聲，我也聽見了。我原知道他們的痛苦，我下來是要救他們脫離埃及人的手，領他們出了那地，到美好、寬闊、流奶與蜜之地，就是到迦南人、赫人、亞摩利人、比利洗人、希未人、耶布斯人之地。現在以色列人的哀聲達到我耳中，我也看見埃及人怎樣欺壓他們。故此，我要打發你去見法老，使你可以將我的百姓以色列人從埃及領出來。」（出 3：7-10）

這段經文及類似的經文都給了我們很大的鼓勵：原來地上百姓的呼聲，他們受的困苦和轄制，耶和華是親眼看見、親耳聽聞的。

「王的心在耶和華手中，好像隴溝的水隨意流轉。」（箴 21：1）《聖經》告訴我們，所有在位的權柄都是從神而來，掌權者都是神的僕人。所以我們被召服侍青少年，也要關注政策和制度的層面：盡力向政策的主管及執行官員傳達一些實證為本的青年政策方案，無論家庭、教育、勞工、城市經濟、醫療、社會福利，都和青少年的成長息息相關。完善的政策令他們得釋放、有充分成長的空間；反之，則會使他們受轄制、受壓迫，產生很多困擾。經文提到的「美好、寬闊、流奶與蜜之地」，什麼叫做「美好」呢？就是神看何為善，也就是有公義、有憐憫；「寬闊」，是指青少年成長的空間不致被壓迫；「流奶與蜜之地」，不只代表物質的豐富，更指生命的豐盛。而迦南應許之地也並非簡單之地——這是什麼種族、什麼文化都有的，很複雜，但是神仍然同在。

神掌管人心，祂動員了很多人

政府很多部門都有基督徒，找他們合作的時候，他們都願意傾力投入。我們做的是「政策行動研究」，需要在民間和社會裏實踐，絕不是「突破」內一個小小的研究組就可以做到，然而很多民間團體、機構都很願意在其中投入和分擔；而香港以至很多海外大學的學者都很樂意以義工的身分參與。

這一切都不是我的作為，而是神的作為！祂在建制、學府、社會甚至商界動員了很多人，透過人力、財力等參與年輕人的行動研究，如：如何提升抗逆力？怎樣在戒毒方面擬定一些政策？就業、脱貧方面，如何發揮政策的影響力？我們深知，「突破」一個小小的機構所能做的極之有限，但是神在建制、在位者及知識分子中，興起了很多願意按祂心意來服侍年輕人的人。我們真的見證到神的同在、神的榮耀，全是恩典！

在過去的 10 多年中，我們在建制裏做了很多不同的研究，好像培育青少年抗逆力（resilience）的「成長的天空」，推動「展翅計劃」，促進跨代脱貧的「兒童發展基金」和「成長嚮導」等項目；也建立了一些平台，如在各區建立的「青年論壇」、每年一度的「青年高峰會議」，都是幫助青年人與建制的官員、特首及各界領袖對話。我看見當中真的有祂的同在、看顧！這些我都會在第六章再詳述。

三、南地的河水復流

〈詩篇〉126 篇是我很喜歡的經文：「當耶和華將那些被擄的帶回錫安的時候，我們好像做夢的人。我們滿口喜笑、滿舌歡呼的時候，外邦中就有人說：『耶和華為他們行了大事！』耶和華果然為我們行了大事，我們就歡喜。耶和華啊，求你使我們被擄的人歸回，好像南地的河水復流。流淚撒種的，必歡呼收割！那帶種流淚出去的，必要歡歡樂樂地帶禾捆回來！」

以色列的南地是乾旱之地，但當神的恩雨降臨之時，南地忽然像沙漠有河水復流。「流淚撒種的，必歡呼收割」：我們服事主的人，也真的好像是在田地裏撒種，很多時候不能很快見到果效，因為收成也是有時，這都是神的作為。

不論哪裏的青年人都要尋夢

香港「九七」回歸中國，好像被擄的人歸回一樣。不只是我們，很多在海外成長的華人都對國家的重建很有負擔。經文講到「歸回」就「好像南地的河水復流」。

在回應中國呼喚時，神也給了我啟迪。我們曾經在上海舉辦一場「聽聽少年心底夢」展覽以及青少年的創作比賽，回想當初籌辦時的情景，我們舉步維艱，覺得上海是個大城市，2000 萬人口，我們憑什麼來做呢？但是神預備了許多意想不到的夥伴！當時活動得到上海實業公司、華東師範大學、上海「愛的教育研究會」，以及當地許多機構的參與和支持，甚至上海副市長和上海教育局德育處處長也親自參與，一起見證青少年對未來的夢想，而且還商討如何能夠推動家長與老師合作，讓青少年能夠有尋夢的空間。

還有第二章提到的北京民工子弟的行動研究，神以供應顯明祂的同在。北京大學、中國青年政治學院、香港理工大學、澳洲 Griffith University，還有其他學院和職業高中，二話不說就願意在青少年的栽培上同心協力。在商界，神也預備了很有心的機構，願意為民工子弟的前途出力，提供一些培訓及見習機會。

「我可以喊你一聲老爹嗎？」

前文提到四川地震發生後，我們進入現場。面對很多學校、社區的青少年和家庭，看到他們心靈和心理的康復、重建有那麼大的需要，我們真的很擔心。香港沒有地震，而這次的地震這麼嚴重，我們沒有什麼相關經驗在災區做心理康復的工作呢？但是，我們清楚看見神的同在！

在探訪中，我們有時要面對一些深受創傷的人，其中一位30多歲的男子，是重災區映秀鎮上的一個地盤工人。在地震中，他親眼看着自己的屋子倒塌，父母、太太及6歲的兒子，都埋在瓦礫當中。我和兒子一起探訪他，心中忐忑，不知道如何回應，只能坐在那裏陪伴着他，後來我握着他的手，聽他講他的故事。想不到，經過兩次的交流，他就要求稱我為「老爹」，又上前擁抱我的兒子，說：「你就是我的『哥哥』。」我們心裏十分驚訝。

那時一段經文不斷在我們心中湧現：「就是在患難中也是歡歡喜喜的；因為知道患難生忍耐，忍耐生老練，老練生盼望；盼望不至於羞恥。因為所賜給我們的聖靈將神的愛澆灌在我們心裏。」（羅5：3-5）我們知道不是我們講了什麼，面對苦難中的人，我們無言以對。但是我們坐在那裏，卻深知道神與我們同在。聖靈不僅將愛澆灌在我們心中，也將愛澆灌在這些受苦受難的人心中。在患難中，他們不放棄、有堅韌，而且反應是老練、成熟，不是衝動的，還存有盼望——能夠見到一些目前還看不見的遠景，也有聖靈把愛澆灌在他的心中。

後來該位男子決定，既然遠方有人愛他，他就願意回去重建家園。就是這樣，在最艱難、最恐慌、最手足無措的時候，心中的安穩使我們經歷神同在的真實。（更多故事，詳見第七章）

在這些承受苦難的人身上，我們也見證到神的愛是真實的 —— 他的憐憫是真實的、他的慈愛是真實的！神就是愛，而在愛裏面沒有懼怕！因此，我們確實知道神與我們同在。我只不過是一個愛的傳遞者，一個被神的靈差派的和平使者，在進入災區時經歷神的同在。

小結：38 年的同行

無論在香港，抑或進入中國，神的榮耀仍然同在 —— 不止在硬件上彰顯出來，也在人的心和面上彰顯出來，他們經歷得到神同在的喜樂和穩妥。更加出人意料的是，一些在香港及內地在位的人都被神感動，願意順服，為他們所管治的人制定出合宜的政策。

回顧這 38 年的歷程，不是我們做了些什麼，乃是神與我們同在！他與我們同行、同工，更讓我們經歷到聖靈同在的真實——仁愛、喜樂、和平、忍耐、恩慈、良善、信實、溫柔、節制。（加 5：22-23）這全不是我們自己能製造出來的，乃是聖靈的果子，也是神同在的印證。一切的榮耀歸於天父，就是與我們同行、同在的主，祂實在給我們見證到祂的作為。

蘇恩佩遺作《死亡，別狂傲》初版、紀念版及復刻本

「突破」早年牛頭角辦公室

「突破中心」前身富林商業大廈

「突破青年村」

早年與恩佩一同事奉的編輯義工組

恩佩與永泰出席放映活動

LAMB OF GOD
LIGHT OF THE WORLD
JESUS CHRIST
EMMANUEL
ALPHA &
OMEGA

第四章

SUPPLY
信實供應的神

耶和華的使者從天上呼叫他說:「亞伯拉罕!亞伯拉罕!」他說:「我在這裏。」天使說:「你不可在這童子身上下手。一點不可害他!現在我知道你是敬畏神的了;因為你沒有將你的兒子,就是你獨生的兒子,留下不給我。」亞伯拉罕舉目觀看,不料,有一隻公羊,兩角扣在稠密的小樹中。亞伯拉罕就取了那隻公羊來,獻為燔祭,代替他的兒子。亞伯拉罕給那地方起名叫「耶和華以勒」〔意思就是耶和華必預備〕直到今日人還說:「在耶和華的山上必有預備。」

創世記 22:11-14

王問我說：「你要求什麼？」於是我默禱天上的神。我對王說：「僕人若在王眼前蒙恩，王若喜歡，求王差遣我往猶大，到我列祖墳墓所在的那城去，我好重新建造。」那時王后坐在王的旁邊。王問我說：「你去要多少日子？幾時回來？」我就定了日期。於是王喜歡差遣我去。我又對王說：「王若喜歡，求王賜我詔書，通知大河西的省長准我經過，直到猶大；又賜詔書，通知管理王園林的亞薩，使他給我木料，作屬殿營樓之門的橫梁和城牆，與我自己房屋使用的。」王就允准我，因我神施恩的手幫助我。

尼希米記 2：4-8

以後，我對他們說：「我們所遭的難，耶路撒冷怎樣荒涼，城門被火焚燒，你們都看見了。來吧，我們重建耶路撒冷的城牆，免得再受凌辱！」我告訴他們我神施恩的手怎樣幫助我，並王對我所說的話。他們就說：「我們起來建造吧！」於是他們奮勇做這善工。

尼希米記 2：17-18

耶和華以勒

神賜亞伯拉罕應許，給他很多祝福，賜他地土，使他將來能祝福萬國，又賜他的後裔多如天上的星、海邊的沙。然而，亞伯拉罕遇到最大的考驗，就是神吩咐他做一件困難的事，將他與撒拉年老才生的以撒獻給神。我相信亞伯拉罕那時也很困擾；倘若看看自己的資源，就只有手上的刀、壇上的柴、綁兒子的繩和兒子以撒。單憑這些就上山執行神給他的項目，一定完成不了的。不過，他深信神必定預備。雖然不清楚神預備的方法，但是他憑信走上了山。原來神早就預備了一隻公羊給他（《聖經》記載着「不料」，暗示了他不知道神將會怎樣預備）。

耶和華以勒的意思，就是「耶和華必預備」。這也是我們所相信的：神吩咐我們做的一切事情及所需的資源，祂心中有數，也必定為我們預備。

所需用的祂知道

以色列人被擄歸回，聖殿、城牆、耶路撒冷城及神的子民都需要重建 —— 這是一個複雜而龐大的項目。正如 Dr. Ray Bakke 寫的 *Theology as Big as the City* 裏提到，重建耶路撒冷這個項目根本是神完成的，不過祂招聚了末底改和以斯帖，讓他們阻止了一個殺害所有猶太人的陰謀；當然祂也呼召了所羅巴伯回去重建聖殿，又召以斯拉回去重建神的子民，這些是聖殿和聖民的重建。

但是，耶路撒冷到處都是敵人，內憂外患，災難不絕，城牆和城門也被火焚燒、拆毀。這樣，神就呼召了尼希米重建城牆。尼希米單槍匹馬、赤手空拳，怎能建起整道城牆呢？於是他就禱告，很大膽地向王提出請求，遣他回去。他需要很多木料，但是他相信資源都是屬於神的，而神交託了管理地上資源的責任給地上掌權的人，所以他就大膽要求管園林的供給他木料，用來建殿營樓之門的横梁和城牆。他還相信力量來自民間，每個人都應按他的力量參與重建的工程。所以他召集了當時耶路撒冷的居民，呼召並挑戰他們一同參與，而且他向百姓宣告，神施恩的手怎樣幫他（尼 2：18）。後來他也投入經濟的重建——因為見到貧富不均的現象，他就請城裏一些有錢人出資幫助遭剝削、欺壓的窮人。

掌管萬有的神

服事主的過程中，任何事工遲早都要進入計劃的規範，講求資源運用。資源，包括人力和財力。這些都是很實際的。《聖經》上說，我們每做一項工程都需要計算代價和人力，不能貿然行事，所以神也鼓勵我們做事要有計劃。由於資源是有限的，政府也經常提及「審慎理財」、「量入為出」，這也是對的。「突破」這麼多年來，在開銷上都很小心：每一分錢從哪裏來，我們都有一個清楚的交代和計劃，不會濫用神所賜的任何資源。無論在哪方面，我們也都學習做一個好管家。但，如果我們只是用這種審慎理財、量入為出的方式——只看目前戶口有多少錢，手上有多少人力——就永遠不會完成神的工。

可是，資源是從哪裏來？《聖經》給我們看到，是從掌管萬有的神而來。不過祂將這些資源分配，委託給一些人代管——人始終是受託來管理這個大地的。在這一章，我會回顧「突破」38 年來，信實供應的神，在人才、物質、經濟上，供應我們一切所需要的。我們看見神的信實供應，也看見祂的作為。

一、聖靈感動——人在動

前文我提到神呼召了一些捨己委身跟隨祂的創路者，順服祂來開這條路，而且薪火相傳，將這個異象傳出去。其實，在「突破運動」中有數不盡的無名參與者——義工和青年人。許多人都不知道，有這麼多人參與「突破運動」。是聖靈感動他們自願地、不問酬勞、不問獎賞、不求認可，默默無聞地工作，這些是神的工作。

小信差，神奇妙的供應

還記得《突破》雜誌剛剛開始的時候，只有恩佩和我兩位部分時間的同工，還有朱國志弟兄全職肩負行政的工作。沒有錢、沒有人，但是神有奇妙的供應，寫下不為人知的動人故事。

《突破》雜誌出版前，我們沒有錢，無法在報紙、電台賣廣告作宣傳，更不用提電視廣告。不過，當時很流行在街上貼街招。於是我們便設計第一張海報，內容很簡單，沒什麼設計，印刷也非常簡單，上面只寫着：「《突破》雜誌，為這一代的年輕人提供方向與價值觀。」

我們動員了很多人，義務在街上合適的地方貼上街招。到了《突破》雜誌正式推出，已經有很多的街招作為宣傳了。我們都很開心，更加感動的是，很多人訂雜誌。由於訂費和郵費都不便宜，我們不想郵差把雜誌摺起來塞進信箱，於是便動員了很多各區的「小信差」，將《突破》雜誌按時派送到不同的角落，送去公共屋邨、私人屋苑。我心裏很感動：這些人到底從哪裏來？他們為什麼、憑什麼來投入這項工作呢？

才華橫溢的義工

那時的編輯組、設計組、研究組、推廣組、「明心信箱」組、突破組、活動組、出版策進會（「突破」所屬的學生福音團契的董事會委任的小組），全部都是由義工組成的。他們默默地工作，不求有多少人知道他們的參與，無聲無息地付出了很多的力量。

起初我在「突破」出版社開始事奉，後來比較多參與輔導中心的事工。輔導中心的全職輔導員鄭建城弟兄和擔任行政工作的羅慧玉姊妹。但義工則來自四方八面，很多都不是專業輔導人員；有的已經是中年甚至長者，也有家庭主婦，但是很專心，也很願意接受訓練，委身作義工。他們每星期來接電話、見個案，默默地一年又一年地幫忙。

廣播事工開始的時候，每週六晚上都有兩小時「突破時刻」的廣播節目，於商業電台播出。由準備文稿到錄音，後來還要現場接電話回應聽眾提問，都由義務的工作者晚上來負責。當然，陳港開和麥芝華都是專業的廣播工作者，深受歡迎的主播，親自訓練了很多義工。很稀奇的是，不少義工後來成為專業的廣播工作者。

自「突破青年村」建成後，我們辦很多大大小小的訓練課程、訓練營。機構設有資訊、文化、更新、創路四個館，既有專職同工，同時，每個館也有不少義工幫忙。這些工作包括更新園的歷奇輔導，要攀石、爬牆，又要考取專門的牌照才能勝任教練工作；每週末營會，需要整個星期準備培訓項目。這些義工都不問回報默默參與，我甚為感動。

眾多的同行者都起來奮勇作主工，他們建造的不是城牆，而是青少年的生命，我們稱之為「生命工程」、「文化工程」，他們影響很多人，也是做在主身上。

看看這些默默耕耘的人，在這裏獻上自己，令我非常感動，都是神在他們心中動工。

「年紀大了，禱告是我的負擔！」

「突破」事工背後，有賴不少祈禱勇士。我們的教會小組都是三代同堂的家庭，經常在各個家庭中聚會，吃飯、唱詩、查經，長久同行。其中一位是白婆婆，我教會的小組成員。這位白婆婆由內地去台灣，再來到香港，會聽廣東話，但是只講普通話。有次，她親自告訴我，每天為我禱告，令我非常感動，她還從我秘書那裏拿我的時間表，無論我在香港還是海外，每個我有份參與的聚會，她都按時禱告。她說：「我沒什麼可以做。年紀大了，禱告是我的負擔！」

在香港，有許多婦女查經班不斷為我們禱告。有好幾位年長的姊妹，每隔一段時間就打電話問有什麼代禱事項。她們說：「我們小組定期為『突破』代禱」。這些禱告勇士提醒我們，我們正在進行一場屬靈的爭戰。

每件事，他的父親都知道

神為「突破運動」興起了代禱者，不止在香港建立了福音事工的同行者，在禱告上支援。在美國、加拿大也有很多人一年復一年，默默地支持。

在加拿大溫尼泊，有一對加拿大籍老姊妹，妹妹已 90 多歲，姐姐 100 歲。神感動她們為中國人的福音事工禱告，記念我們，40 年如一日。

每次我們有機會到各處主領聚會，常遇到一些素未謀面的主內肢體上前打招呼：「我們不單是《突破》雜誌的讀者，也收到『突破』的禱告信，定期為你們禱告。」我記得有一次和永泰探他的父親，他父親拿出「突破」的通訊，原來他對我們的事工瞭如指掌，發生的每一件事他都知道，並懇切禱告。他不止為兒子禱告，也為「突破」禱告。

祂興起了很多在幕後禱告的勇士，支援我們的同行者。沒有名字，沒有面孔。他們是神家中真正的「勇士」，通通都見證整個運動都有神在其中，是祂托住我們。

二、天父掌管一切資源

38 年來，「突破」也經歷過很多次經濟危機。譬如之前遷入「突破青年村」，硬件、人才需求突然「三級跳」，增加了很多，經濟上就遇到很大的考驗；而 SARS 的時候，所有活動都停止了，營舍收入近乎零；最近一次是金融海嘯，奉獻下跌得很厲害。但是，耶和華真是我們的供應者，我們必不至缺乏。

失業者：無法再捐獻，請你原諒！

「突破」主要的支持都是來自很小額的奉獻，一些無名的捐獻者 —— 有很多真是署名無名氏的；也有很多人說捐了之後毋須給他們什麼認可；當然還有很多都說要拿一張收據作捐獻扣稅，但是有的國家根本沒法扣稅，如澳洲。

有時很意外，有的人用很多不同的方式來支持我們。《突破》雜誌剛剛開始的時候，我們要找訂戶，其中一項叫做「贊助訂戶」，除了每個月的訂閱費之外，願意再多加一部分做奉獻。我最初很緊張：到底有沒有人回應呢？有一次，我們收到一封信，背面簽名的是著名的牧者 —— 滕近輝牧師，是我很尊敬的長者，也是我在宣道會北角堂的牧者——他簽了一張回條，說願意作贊助訂戶。

我們的同工，特別是外事組的同工，常常都述說這些見證。金融海嘯期間，我們收到了一些很感人的來信，上面寫着：「我們一直都是用自動轉賬來支持『突破』的，雖然款額不是很多，但是很對不起啊，現在我失業了，也有些經濟的困難，請你原諒，不能繼續作自動轉賬的捐獻者了。」我們心裏非常感動：即使在艱難的時候，他們也不忘記支持我們；而在這樣的時刻，我們反過來希望和他們同行。

38 年來其實很多支持者都是默默無名的，就像主耶穌欣賞的那位寡婦，獻出兩個小錢，數目不多，也不求什麼，非常低調。但是這些支持者卻數十年如一日與我們同行，在禱告和資源上支持我們。

一個廁所，一間房

隨着「突破」開拓多種事工，自然有硬件上的需要。開辦公室，就要有辦公桌及各種辦公室用品。每一個階段，我們辦公室都得着神奇妙的供應。

最初，基督徒學生福音團契將「突破」納入成為他們的事工之一。我們和當時的總幹事陳喜謙牧師商量，說我、恩佩和朱國志都需要有一個地方辦公。他就微笑着回應：「沒問題，我有一個房間可以改裝，來作小小的辦公室，起碼可以放兩張桌子，你們來看看。」原來在德成街 2 號 B 室內有一個洗手間，準備改裝為一個小小辦公室。在旁邊的單位，有一間房可以放五張桌子，學生福音團契的幹事用了其中三張，我、恩佩和朱國志三個人就共用這兩張桌子。我們都很感動，是神為我們預備的。

當我們需要的地方多了，恰巧基督徒學生福音團契的同工曾立華弟兄新婚，在德成街後座租了一個單位。他說：「沒關係，我們只需要一廳、一個房間，還有兩個房間可給你們作辦公室。日間我們外出的時候，外面的廳也可以用。」這樣，他的家就成了「突破」辦公室的起點。

我們嘗試展開輔導工作時，在界限街附近開電梯公司的王明理弟兄，對我們說：「沒關係，晚上可以開一些房間給你們見受導者，而且還可以加幾條專線給你們作電話輔導。」所以，有段時間我們在他的辦公室裏做熱線電話輔導和個人輔導，這些都是神的供應。

1982 年，當「突破」成為獨立機構，基督徒學生福音團契仍以姊妹機構的身分，供應資源給「突破」，使我們能在牛頭角的利基大廈購置「突破」第一所辦公室。當時算上裝修、購買等等要 600 萬元，是個不小的數字。有人說，我們是“Six Million Dollar Man”，但也靠神的預備應付。

一路走來，姊妹機構、很多人都為「突破」開始新的一頁默默作出了很多奉獻。

奇蹟的 16 層建築物

到了「突破」事工重要轉折點——「尋根、植根、扎根」的階段：我們經過禱告，機構決定擴展。我們本來看中了牛頭角附近幾個單位，價錢以及各方面條件都比較相宜，搬遷也比較方便。但後來被別的買家買去了。

之後，同工李兆康弟兄（當年他是副總幹事）有一次拿着報紙進來找我，說:「元雲，這裏有地方可以拍賣！」我一看，是一座 16 層的大廈，就說：「你傻了嗎？我們怎麼買得起啊？要多少錢啊？我沒興趣。」於是就放下了。可是，回去想了想，兆康弟兄一直都是很穩重的人，不會隨隨便便建議，而且他對物業也有一定研究。於是我去找他詢問，他告訴我：「那大廈本來由一間建築公司興建，因為『九七』的緣故而資金不足，按揭給了滿地可銀行（Bank of Montreal），現在銀行拿出來拍賣，你去看看吧！」

我們去了看樓，每一層都不是很大，大概 2000 到 3000 呎左右。再算一算看，這裏可以作禮堂，那裏可以作影音部，還有輔導中心、訓練室等等，我們可以用九層，其他樓層可以賣出去或者租出去，挺值得考慮的！於是，我們回去和同工們一起禱告，董事會也通過，認為可以問一問價位。

我們找了銀行的負責人。聊着聊着，發現彼此有相似的背景。他是加拿大人，來自滿地可，而我是從溫尼泊回來香港的，十分投緣。他詢問「突破」做什麼，我們介紹是自己是通過出版、電台、影音、輔導作青少年工作的。他一聽到廣播，就說：「我在加拿大那邊也做過廣播，非常好！這是很重要的工作，能夠建立很多人。」繼續聊的時候他就問：「為什麼你們會來這裏？你們有興趣買這座商業樓嗎？」我們說的確很有興趣。

打聽之後，了解底價是 1800 萬元，他邀請我們下星期來參與拍賣，我們說：「很困難，因為我們是非牟利機構，很多決策需要董事會通過，不能夠貿然出價。如果我們給你一個合理的價錢，你不如就賣給我們吧。」他說：「其實了解你們的工作後，我很喜歡你們的機構。你們考慮一下出個價錢。」我們說：「我們出你的底價 1800 萬元。」他想一想，說：「其實已經有人表示有興趣來拍賣，不過你們這麼有心，我又很喜歡你的工作，要不就 2000 萬元吧，我可以將這座樓賣給你們。」我們回去商量，然後決定打電話給這位負責人，說：「我們討論過了，還是維持 1800 萬元，你考慮一下。這是為香港的年輕人做的，希望你帶着這樣的一顆心來考慮一下，我們是不能夠去拍賣的了。」

想不到，他接下來就打電話回覆我，說：「我們決定了。我們欣賞你們的工作，也願意將這座樓以 1800 萬元賣給你們。不過，下星期一下午五時，你要將首期 270 萬元的支票拿來，我星期二登報紙取消拍賣。因為星期三就拍賣，所以星期一我一定要收到你們的答覆。」掛了電話，我們都膽戰心驚。為了籌備置業，我們有一點點錢，但是仍然相差甚遠！我們都覺得很渺茫、很難。

我們在地產版見報

怎料，那個週末，有位弟兄從美國回來，他過去一直支持我們的事工。他說剛到香港，想和我聊天，我就和他見面。想不到，他主動查問：「我很想繼續支持『突破』的事工，你們最近有些什麼需要啊？」我就對他說：「我們有這樣的計劃——『植根香港』，通過購買一座樓來象徵我們和香港的青少年一起共度『九七』，並且將事工再拓展。」他想了想，然後就對我說：「你星期一找人來我辦公室，我可以寫張支票，使你們得以支付首期。」星期一會計同工陳麗娟姊妹（Alicia）趕到他的辦公室，辦好手續，拿取 270 萬元的支票。我拿着支票，心裏很感動，說：「Alicia，你去把這張支票影印了，讓我們不要忘記這是神的作為。」

很感恩，交易真的完成了！第二天，「突破」在香港報章的地產版出現：內容大意是有一間機構對香港的前景有信心，雖然現在的物業都很冷淡，但是這間機構決定將一座 16 層的商業大廈買下來，本報調查過後，發現這間就是「突破機構」……這是「突破」第一次，我想也是唯一一次在地產版出現，卻見證了神的恩典。

一張空白支票

當「突破」出現經濟上的難處，很奇妙的，神從四面八方感動一些人來支援。他們一直都留心我們的經濟狀況，有時甚至登門拜訪，說要幫助我們。

有一次，機構財政出現了一個不小的赤字，有位弟兄從美國回來，他很關心香港和中國內地的事工。他找我談天，了解我們的事工方向，以及「九七」對我們的影響。談了一會兒，他說：「我看過你們的收支狀況，有不小的赤字。神感動我奉獻。」說着，拿出了一張支票。我看了一眼，很奇怪，支票已經簽了名，寫着是給「突破」，但是數額一欄是空白的。我問：「咦？為什麼沒寫數額？」他說：「我準備給你們一張空白支票，你填上那個數額。你們的赤字有多少，我就願意幫你們補上多少。」我嚇了一跳，拿着支票不敢填。我說：「這樣吧，我找我們的會計同工來，她把現有的赤字給你看，你自己填上這個數字。」

於是，我們叫來了會計的同工，把我們最近期的賬目給他看，有大約 20 萬的赤字。他看了看，說：「咦？比我想像中要少。」於是欣然提筆填上了這個赤字數目。這真是我無法想像的，竟然有人願意奉獻「空白支票」！

她參觀之後就放下了一張支票

又記得當年永泰和影音的同工拍了《根》，在美加和香港巡迴放映，其中一站是紐約。當地的教會本來邀請我們去放映，有的人覺得《根》有些片段，譬如中國女排拿到世界冠軍，似乎暗示了中國未來的趨勢；而且我們認同香港回歸後會參與中國的未來建設，有些負責人認為內容含政治味道，結果放映計劃取消了。我對太太，還有同工說：「沒關係，那就不放映了吧。不過我仍然會去紐約，向弟兄姊妹分享，讓他們知道『突破』事工未來的方向。」行程結束後，回到香港，我對同工說：「紐約的分享聚會不錯，也有人來對我們表示關心。」

沒多久，行政同工蕭慶儀姊妹（Elaine）打電話給我，說：「有一位姓左（左雪顏）的醫生來參觀，她妹妹在紐約聽到『突破』這個機構，鼓勵她對『突破』有些經濟支持。她先前不認識『突破』，於是到處打聽，後來在一個公開聚會聽過你講道，又親自打電話預約參觀『突破中心』。」Elaine 就親自陪她參觀，介紹她認識各個部門的工作。Elaine 問我：「這位左醫生也有這麼上下的年紀了，你認識她嗎？」我說：「我不認識啊。」Elaine 又說：「她參觀之後就放下了一張支票。原來是 50 萬元的支票。」

我們很少收到大額的奉獻！雖然與左醫生素未謀面，但真是看到神有祂自己的感動，讓這位姊妹成為我們的同行者。

一所幽靜的小屋

不但如此，她漸漸還成為了「突破」的好朋友，我和太太也經常看望她，和她交流和禱告。她是香港知名的婦產科醫生，在香港執業已久，現在已經退休。她一直在禱告中記念我們，是我們的支持者。

有一次她告訴我們：「早年，我在沙田附近建了一座獨立的別墅，名叫紅橋小築，在那裏居住。現在年紀大了，出入不方便，要搬去有升降機的住宅。不如帶你們去看看吧，我很喜歡那個地方！」紅橋小築位處中文大學附近一個山頭，真是很漂亮。從外面看不易察覺，裏面有幾棟獨立的別墅，是她和幾個人出資興建的，她就住在其中一座。參觀過後我們不以為意，繼續經常探訪她。

沒想到，有一次她和我們悄悄地說：「我很想在有生之年將所有金錢和物業都捐出來，因為我沒有子女，也沒有家人需要我照顧。有很多已經捐給醫院和不同的慈善團體，這間紅橋小築我很想捐給『突破』。你們怎麼用都行，甚至賣出去都可以。我查過，現在的市價應該是 400 多萬。」我和太太參觀過她的別墅，知道她的心願是保留這個安靜的地方。

我們禱告，然後告訴她：「不如保留這座紅橋小築作為同工的退修處所？還可以為一些牧者、基督教工作者做小型的退修營。這裏有大客廳、花園、還有些客房，可以容得下 20 人左右。」她很開心。於是，我們就決定將紅橋小築作為靜修之處，後來很多同工會議、退修會都在這裏舉行。有時我們也在這裏接待遠道而來的客人，還有其他教牧同工和一些基督教機構的同工，也在這個小小的地方作避靜、退修。我們很開心可以使用這個地方，更想不到的是，日後這個地方也成為我們一個很大的祝福。

三、懇請賜我們這一塊地

即將踏入千禧年的時候，我們思想到 21 世紀要培訓青少年成為僕人領袖，資訊、文化、創路、更新固然都是重要的概念，但做培訓也需要有硬體。當時我們最需要的是場地——一個既靜又動、既接近大自然、遠離塵囂又交通便利的地方……這麼多的條件，我們也覺得很難找到。

有一次在教會的家庭小組裏，我提出了這個禱告事項。會後，組裏的麥志標弟兄來找我：「蔡醫，我在政府是專門負責找地的（白石角越南難民營的場地也是他找到的）。你告訴我需要什麼樣的地，我幫你搜查一下，看看有沒有。」想不到神使用了這位弟兄，才隔了幾天他就打電話給我：「我找到了四塊地，你想不想看看？」我們雀躍極了！他帶着我和太太、淑潔和丈夫 Freeman、永泰和兆康，邊看地圖邊參觀。先前的兩個地方，都坐落在粉嶺市中心，環境較吵鬧。後來，又去沙田看了一塊地，靠近山邊，環境幽靜，本來很喜歡；但再看發展圖則就發現將來會有天橋從上面經過，不太合用。

最後來到了亞公角山，沿山路向上走，我們來到一片荒蕪的草地，對面是慈氏護養院。這片草地大約 10 萬平方呎（可以蓋一個營地作培訓基地），並且是指定給非牟利機構做社區服務工作的。從前政府曾經考慮在這裏蓋學校，談不妥就暫時擱置了。

我們站在山頭，環看四周，背山面海，西、北方有吐露港和城門河，東、南邊眾山環繞。而且交通也方便 —— 離沙田火車站不是很遠。後面有小溪澗，附近有一些山徑，一直可以通到馬鞍山和西貢。真是很理想的地方！當時我們在那裏圍了圈禱告，神感動我做了這樣的禱告：「God, give us this mountain！（昔日迦勒求神將希伯崙地賜給他！）但願這個地方能成為青年人 —— 來自香港、內地和海外 —— 受培育的地方、榮耀主的地方、培育 21 世紀青少年領袖的地方。」我們一起獻上禱告，存着感恩的心將這個地方交託給神。

Sir David，我們有個約會！

土地審批的過程也十分奇妙。我們打聽過，申請這樣一塊地一般要四、五年，當中要經過很多部門的審批，程序相當繁複。但後來我們了解到這個決策是在布政司霍德爵士（Chief Secretary, Sir. David Ford）的部門，就託人安排介紹我們和霍德爵士會面商討。

那天是週末，我和太太、永泰還有兆康一起上去。當時中英雙方就香港回歸多輪會談，霍德爵士那天很累，剛剛開完一個有關機場的會議，差不多忘記了我們的約會。他離開會議室的時候，我們在電梯門口等着，一見到便截住了他，說：「Sir David，我們有個約會！」他才想起來：「是啊，我幾乎忘了。」我們就進去坐下，開始和他談。

大約半小時左右，我們首先簡單介紹了「突破」，談到「突破青年村」的理念── 我們希望為香港下一代培育 21 世紀的領袖、跨越「九七」……他一邊聽，眼睛開始明亮，突然說：「我真的很開心！這星期我有很多困難，開很多的會議都好像沒有什麼結論。然而，thank you for giving me something bright for the weekend!」然後他又問：「有些什麼可以做呢？」我說：「我們只是缺乏一塊地，很希望政府在這方面幫忙。」他看了看我們，說：「很艱難，我們的地很少啊。」「不是啊，我們已經看了有四塊地，但是這塊地是我們最喜歡的。」我們就將圖則，甚至畫了簡單的建築圖樣給他看，他說：“You've done your homework!” 又問：「你有沒有和政府其他部門的人談過？」我說：「沒有，you are the first one。」他看着我，説：「好，我覺得這個項目非常有意思，我和部門其他人談一談。」後來，他告訴我們，他願意全力支持，也通知了其他部門説這是一個“priority project”，可以加速 —— 因為我們很希望在 1997 年之前能夠建成。

政府中英土地委員會剛剛暫時停止開會，直到大家有協議才再開，也未知何時重開會議。政府竟然來電，負責的官員説：「我們去年還有一些批地未滿 quota，可以批出去，你三月底之前過來簽了文件，我們可以將這塊地批給你們作青少年培育營地之用。」結果真是很稀奇，我們無言，只有感恩。

當年香港政府對這塊地用途有很清楚的要求，和我們的需求亦很相符。最感恩的是，它不需要我們付地價 —— 可以使用 50 年，每年只需交租金港幣 1000 元 —— 我們都覺得相當合理！後來，我們查過這塊地的市價，類似的地市值 6 億元。神實在為我們預備了地方，我們充滿感恩，這都是神的作為。

你是我的夥伴，我願意支持

在建築「突破青年村」的時候，我們也經歷了神奇妙的作為。

同工淑潔的丈夫 Freeman Chan 弟兄，本來在一家大型建築公司工作，後來決定辭職自立門戶，主責這個工程。在很多投標的建築公司中，瑞安拿到這個項目，並且準備用社區服務的形式來參與。他們說，他有一隊工程人員在這段時間有空檔，很樂意為「突破」來建築「突破青年村」。瑞安不僅有品質保證，價錢也是最低的。而且，瑞安還願意提供一個很低的利息，讓我們到建築完工時才支付全部款項。美國銀行（Bank of America）的總裁看過項目後也願意承擔按揭的責任，他們說：「過去美國銀行曾經承擔『突破中心』按揭的責任，你們是我們很好的夥伴，我們很欣賞你們的工作。所以也願意冒一些風險作這個按揭，支持這個 1 億 8000 萬元的建築工程。」

政府曾為我們的籌款擔心，想用賽馬會基金和獎券基金幫助我們。我們不想人們誤以為我們支持賭博，可能因此誤導青少年，所以沒有接受。政府回覆說：「如果你們不接受這兩個基金，就很難籌款。連公益金一年也只籌到 1 億元左右，你們要籌 1 億 8000 萬元是很難的。」但是，我們過往 20 年從沒向政府要任何資助，我們相信神會預備！

的確，要籌募 1 億 8000 萬元也不是容易的事。前文提及的紅橋小築，在那段日子已經完成它的使命，將來的「突破青年村」可以成為一個退修及培育青少年的基地，也可以為有需要的同工、教牧和青年工作者提供一個靜修之所。當時左醫生已經主懷安息，於是我親自拜訪左醫生的姊妹和家人，他們同意將紅橋小築賣出去，以支付建築「突破青年村」的部分款項。誰知當年 400 萬的紅橋小築，可以用 3000 多萬元出售，我們連做夢都想不到！神的預備超過我們所想所求！

我知你們會遇到資金周轉困難

有一次我和姊妹在辦公室裏聊天，突然接到銀行的電話，談到資金周轉的問題，我在電話簡單交代一下。誰知，沒隔多久，有位姊妹親自拿了一張支票上來，說：「我知道你們接下來會遇到資金周轉的困難。」（原來她那天聽到我在電話裏的內容）我沒有作聲，但是她放下了那張支票。我看了嚇了一跳 —— 70 萬元！再睜大眼睛看，原來是 70 萬美金，驚訝不已。神的工作實在奇妙！

很多這樣的故事一個接一個發生，有一位負責基金的姊妹，一天來到「突破青年村」，說知道我們要栽培很多面對困難的青少年，在內地也有些事工；他們的基金，每年都有些奉獻，今年決定捐給「突破」，而且數目不少。

有些是婦女查經班為我們籌款，她們還捐了一架大型巴士給我們接載營友。瑞安公司不但接了這個工程，旗下的員工還舉辦步行籌款，捐了一部小巴給我們……我不再詳細列舉這筆龐大資金最終是怎樣籌到，總之很多有心人在背後默默地捐出款項或者贊助場館，他們不為什麼，也不為命名（我們沒有命名），只是很低調地支持。這些都是神為我們預備的，神的看顧真是非常周詳！

小結：祂是信實的

天父果然是信實的供應者。一切還是從神的異象開始，祂呼召我們承擔祂的使命，為我們預備委身的同工和義工。38年來，每個階段所需要的，都是超越我們財力能夠承擔的，祂本曉得我們無法籌募經費，便以叫我們驚訝的方式供應我們的需要。我們沒有任何可以自誇的地方，一切都是恩典！

1989年紅橋小築奉獻禮

1999年青年發展基金成立

JESUS IS THE WAY »

第五章

TRANSFORMATION
改變人心的神

所以，弟兄們，我以神的慈悲勸你們，將身體獻上，當作活祭，是聖潔的，是神所喜悅的；你們如此事奉乃是理所當然的。不要效法這個世界，只要心意更新而變化，叫你們察驗何為神的善良、純全、可喜悅的旨意。

羅馬書 12：1-2

若有人在基督裏，他就是新造的人，舊事已過，都變成新的了。一切都是出於神；祂藉着基督使我們與祂和好，又將勸人與祂和好的職分賜給我們。這就是神在基督裏，叫世人與自己和好，不將他們的過犯歸到他們身上，並且將這和好的道理託付了我們。所以，我們作基督的使者，就好像神藉我們勸你們一般。我們替基督求你們與神和好。

哥林多後書 5：17-20

只要心意更新而變化

「心意更新而變化」，即“transformation”，在《聖經》中有回轉、歸回、悔改的含義，這都是聖靈的工作。《聖經》明言：只有神能夠改變人心，只有聖靈能夠叫我們的心意更新。所以，唯有藉着神的話、神的靈，我們才能夠作生命更新的事工。

〈哥林多後書〉中保羅説到，在基督裏成為新造的人，是一個過程，「舊事已過」也不是一次過發生的。藉着十字架，我們每天都不斷更新，生命不再一樣。這是聖靈和神的話持續不斷地在做更新的工作。

我們不是青年工作者

成為新造的人，不但我們的生命改變，職分也改變。《聖經》説「勸人與神和好的職分」，就是作基督的使者，成為人和神之間的使者。

神給我們一個很尊貴的位分，不是一般的青年工作者，而是基督的使者。我們很重要的職分就是讓年輕人、受眾，包括我們，都經歷在基督裏的心意更新、生命更新、職分更新。

唯有生命更新是神的工作

更新生命最重要的工作，一定是教育。我們知道，教育有三個層次（參閱 Parker Palmer 的著作 *To Know as We Are Known*）：第一是傳遞資訊和知識，即"information"；更加重要的一層是生命、性格、品德的塑造，即"formation"；這需要很多功夫，也是教育者要不斷努力的。但是第三個層次，也是最重要的，就是生命徹底的改變，即"transformation"。這改變不僅包括自己的品格，還有與人的關係改變，更與神的關係改變，與神和好，這是只有神能成就的工作。

神呼召我們投身「突破運動」，其中一項很重要的工作就是「生命工程」── 讓青少年的生命得到更新、成長。我們很清楚知道生命更新是神的工作，而我們被召只是回應神的呼召，將自己的身體獻上為祭，做祂所喜悅的事。我清楚相信這個生命工程是和世界有分別的，並「不效法這個世界」──「肉體的情慾、眼目的情慾、今生的驕傲」。

我們相信生命影響生命！神透過基督、藉着聖靈、通過教會塑造我們的生命，我們被差遣進入青少年羣體，成為他們的祝福，勸他們與神和好。在「突破運動」中，我們一直都看到神在我們的同工、義工、受眾，甚至合作夥伴身上都有生命更新的工作。這一章我會從上述四個部分來闡述神怎樣改變人心。

一、立於生命的磐石上

每一個同工被召加入「突破運動」的行列，都是戰戰兢兢的，就像最初恩佩姊妹、我、朱國志弟兄一樣。戰兢，是因我們深深感到被呼召，進入很重要的生命與文化更新的工作；但是與此同時，也深深感覺到自己不足夠。所以，神在過程中不斷提醒我們，進行生命和文化的更新工作一定要依靠神的靈、依靠祂的話。

教導中一定要含有神的話語

恩佩姊妹是《突破》雜誌第一位總編輯。她帶領同工和義工經常退修，一起等候。她堅持雜誌內容中一定要含有神的話語。恩佩每主理一個特輯，無論是性教育、情緒，又或性別角色問題等，與青少年生活、生命息息相關的課題，她要求每一個負責的編輯，都要提供《聖經》的基礎。恩佩藉着《聖經》的話語，帶領我們從一些不同的角度思考，包括神學上的思考，如潘霍華、依路（Jacques Ellul）、薛華（Francis Schaeffer）的神學思想，都是她帶領我們一起去認識。我負責的其中一期討論情緒，於是我在《聖經》搜索，發現《聖經》的確有告訴我們情緒、內在的生命是怎樣，什麼叫沉溺。

我們對《聖經》的認識有限，很多時候做得不好，於是很多神學院和牧者來教導我們，就如起初陳喜謙牧師不斷提醒我們，《聖經》的話語非常重要。這個傳統一直傳遞下來，我們一直尊重謹守。

當時的義工編輯都受了影響，一直傳承，後來的「突破」編輯都有《聖經》作基礎的思維教導，前文提過何盛華、文蘭芳、關湛機、許立中、程正家、蕭鋭志、余達心、梁家麟、周子森、林植森、李淑潔、楊碧瑤、黃幗坤等等，有些一直在「突破」服侍，有些離開了；有的沒有再做文字工作，也有不少繼續在文字工作的崗位上服侍。

雖然文字工作經歷多代變遷，但其中一個共通點都是尊基督為主，並以《聖經》作為事奉的基礎。這一種生命和事奉的取向在我們心中根深蒂固。

生命被神的道煉淨

生命工程不能只藉着文字或媒介，還要有個人接觸。

《突破》雜誌一直發展，逐漸舉辦很多讀者活動、福音營，都以造就生命為基礎。也由設立「明心信箱」開始，逐漸發展熱線輔導，後來又設立個人輔導、小組輔導。這一切工作，都不只是運用一些心理學、社工的技巧，而是我們先被神的靈、神的道，更新自己的生命。

我們相信輔導能夠貼身影響一些人，並且建立生命。故此，我後來轉向輔導方面發展，入讀神學院接受神學、心理學、輔導的訓練。在訓練過程中，了解到心理學有 2000 個學派，每個學派有他的人觀、神觀。倘若我們不是以《聖經》，以神學為基礎，對心理學諸般的理論持嚴謹的批判態度，我們的輔導很容易趨向屬世。《聖經》說不要效法這個世界，並非指要推翻這個世界的知識，而是我們不能全盤接收，需要有神學上和《聖經》上的辨別能力。我和初期的輔導同工詹維明，都接受了神學訓練，學習將《聖經》與生命和事奉結合。

後來，我們和中國神學研究院一起合辦碩士課程，將神學、心理和輔導做整合。這過程對我們的成長很有幫助，每一個人際課題我們都要重新思考，如花了很多時間思考人觀，人怎樣才能改變。不單止用輔導的技巧，也看神怎麼樣改變人。我們又研究家庭課題，男女課題，婚前婚後應該注意些什麼，家庭對一個人成長的影響等等。我們把這些整理為基督教輔導觀。期望透過訓練，讓受訓的輔導員不會口說一套，行為是另一套；不能夠叫受導者注意生命中的東西，而輔導員自己的家庭、生命未經過神的塑造。生命影響生命，自己的生命要先被神更新。

輔導的同工：無論是早期的鄭建城；抑或陸續加入的李淑潔、林孟平、譚秀薇、林耀鴻、梁湘明、陳幼莉、葉萬壽、李兆康、區祥江等（有些至今仍從事輔導，有些則從事教學工作），也和義工一起，組成一些小組，花很多時間進行個案研討，並舉行公開研討以檢視自己的生命。所以，在這過程中，同工的生命都是不斷被神塑造。

投身價值之戰

青少年文化的更新工作很不容易，我們常稱為價值之戰。提及文化，自然涉及很多不同的學科和國家的文化。故此進入這戰場，我們一定要對傳播媒介、文學、歷史、電影、社會學、神學都有認識，才能更深入了解文化到底是什麼。同工在過程中，尋求不斷的更新、不斷地被神塑造。例如梁永泰弟兄一直不斷地被神塑造和裝備，在傳理學、神學、電影學、城市更新、文化課題上面，花了很多功夫。後來加入的影音總監任志強、徐潔仁等都花很多心血來裝備。這個傳統一直保存下來，所以，在同工的訓練中，一定包括青少年文化的認識和塑造，這是有歷史的角度，有社會文化批判的深度，更重要的，這都是從《聖經》、從神學作出發點。

踏入 2000 年，通識教育受香港教育當局的重視。它涉及大自然、科技、文化、中國和世界，影響青少年。它不只是一個課程，原是一個核心價值之戰，「突破」決心要面對這價值之戰，藉研究、文字、活動來應對。雖然我們認識有限，但是感謝許多人與我們同行，如「突破」董事會內，余達心、盧龍光、伍山河、孫國鈞（有些過去是「突破」的義工，離開後仍與我們同行）等等一些神學教育和教牧同工給我們很多提醒。

好些人對市場文化認識很深，好像李金漢、簡悦明，他們從市場學的角度，給我們對文化的了解、認識、批判以及怎麼樣更新，帶來多方面的啟發。

青少年在傳播媒體、資訊科技的衝擊下，文化不斷轉變。進入數碼文化和後現代文化的領域後，我們需要不斷學習才能與青少年保持對話。我們有很多同工，過去都是資深的傳播人，如李碧心，本來是資深的電台主持人，也在大學裏面再進修新媒體，並修神學。負責青年媒體的梁柏堅和蔡廉明，從文化和《聖經》的角度分析網路媒體對年輕人有什麼影響，也有一個研究隊伍專門做研究，成員有陳競存、陳之虎、陳碧凌等。我們會舉行很多交流的聚會，無論同工之間，抑或特邀嘉賓都會同工帶給很多思想激盪。在互相激勵的當中，我們的生命也不斷成長。我們要將傳播媒體和人際的事奉結合，挑戰很大。在「突破」事奉的同工，一定要謙卑，大家彼此建立，才能與我們的受眾同行。

以未來取向培育領袖

前文不斷強調，進入 21 世紀，我們要栽培青年人成為未來的僕人領袖，栽培的方式除了要有歷史向度、文化承傳的向度，還要有未來的向度，尤其面向中國崛起，文化文明衝突的年代。「突破」同工讀了很多未來學相關的書，我們研讀如托佛勒（Alvin Toffler）、奈思比等所寫的書，雖不是全盤相信他們的東西，但是他們的研究都很有價值，也幫助我們了解未來是怎樣。每個時代的轉變，都促使我們這些培育青少年的工作者重新反省。

自己的生命也要不斷成長

隨「突破」同工逐漸增加，內部的管理，包括人事、行政、財政管理上，都需愈趨嚴謹。前文提到，神帶領伍李秀麗姊妹加入，擔任人才資源管理，建立管理文化和建立羣體，也激發我們思考如何栽培同工。

感謝多年陪着「突破」同工成長的生命導師漢斯貝基（Dr. Hans Burki）夫婦，當年經常來帶領我們退修，指引我們如何「生命重整」（life revision）。

另外，我們的同行者，很多在神學院裏教書的，包括先前提到的余達心、盧龍光，還有花了近兩年時間，向同工講解「《聖經》走一回」的楊詠嫦院長、曾經是同工的神學院老師鄧紹光博士，每一位都花很多時間，指導同工學習神的話，幫助同工靈命成長，為我們帶來很多祝福。

二、滋潤人的必得滋潤

每個機構都要靠員工運作，也要衡量機構本身有多少人力、資源，就做多少事情，量入為出。但是，「突破」不是純粹一個機構，這是一場運動，運動其中一個主要任務就是將異象傳遞出去。「突破」其中一個特色：就是從第一天開始，並非單靠全職同工推動事工，反而藉着運動，凝聚不少主內肢體，成為幕後支持者；他們有的奉獻、有的禱告，更有不少以義工、志願者的身分參與，甚至走到最前線成為青少年的同行者。

獻上年輕的力量

前文提到《突破》雜誌初出版時，蘇恩佩姊妹是部分時間總編輯，其他的全都是義工，例如李柏雄、余達心等，他們為文字工作帶來非常豐富的內容。我們的設計一直都很出色，而設計師也是義工，由許朝英弟兄帶領，義工孫淑興弟兄是出色的攝影師，他們加入時都是本着愛青年的心，將最好的貢獻出來。他們雖以義工身分投身「突破運動」，但因着神的同在，自己經歷文化和生命上的更新。

義工就是我們的祝福

我負責輔導的策劃和推進。那時，每個晚上都有一批義工來幫忙。當年的義工，有的今天仍是我們長期的支持者，其中一位是莫慶堯太太。她雖年長，仍然謙卑學習輔導事奉，成為多年的義工；不單在「突破」，也在教會中有不少愛心事奉。

另外，還有義工在前線幫忙主持青年活動、青年營會等等的工作。他們參加很多培育青少年的營會，肩負的工作絕對不比同工少，譬如關湛機、麥淑華，近年不斷支援我們在四川和北京的培訓工作。

還有一些同行者，如蘇紀英（Albert Su），不但帶領很多「突破」內地事工的幕後策劃，還帶領我們的同工義工到甘肅蘭州，服侍農民和當地有需要的人，而我也曾跟 Albert 去蘭州的農村探訪。在中國的黃土地上、在青少年的身上，我們既服侍，也見證神的作為，我們的生命都因此而成長。

不止他們，我們還見證到他們一代接一代被神使用，在不同的界別祝福很多人。

把火種撒出去

我們很懷念的謝文策弟兄，在「突破」做了 30 年，是由義工成為同工的好例子。他由策劃讀者活動、青少年活動，到策劃野外事奉，在營會事奉，到進入社區事奉。他還花很多時間栽培義工，這些義工有的成為同工，例如黃兆恩、周思藝和李德誠。

德誠弟兄本來在機構「野谷」負責帶領野外活動，後來成為我們的義工，及後更加入成為同工。他將所學貢獻出來，負責青年工作者培訓。記得剛剛搬入「突破青年村」的時候，他發現自己有耗盡（burnt out）的迹象，於是安靜退修，及後更進修神學，結合歷奇活動和屬靈操練，把三者帶回來「突破」，繼續栽培了更多義工。

「創路坊」經理鄧淑英同樣是由義工成為同工，她最初當老師，加入「突破」後負責青少年培訓，在「師徒創路學堂」計劃幫助青年人從學業失敗的經歷中走出來，成功創路，過程中見證很多很多生命的成長。這些青少年後來又成為我們的義工和同工。

有些人先做義工，後來成為同工，然後離開另外成立服侍年輕人的機構。原做《突破少年》的蕭鋭志，離開後成立了籃球事工，繼續祝福很多邊緣青少年；饒玉慶也成立一個體育的事工；至於編輯同工羅乃萱、徐惠儀和胡慕貞，同心建立了一個家庭事工培育機構。這些人以前都是義工或同工，今天仍然是「突破」的同行者，雖然位置不同，但我們都在神裏面，不斷領受及分享神給我們的祝福。

沒有人知道他們曾付出了多少

不可不説「突破」的同行者網絡。「突破」的義工羣體，有的走在前線，有的卻在幕後默默禱告、奉獻，付出很多努力。其中要算我的妹妹 Cindy 和弟弟 Victor，他們沒有在台前出現，只默默在背後代禱。多年來他們匯聚了一班很殷勤的弟兄姊妹：莫太、呂太、鍾太、葉太、Cecilia、Patrick、Sam、Angie，這些無名的「突破人」，沒有人知道他們付出多少，但是他們一起建立了同行的網路，成為幕後的代禱勇士，我只能在這裏略略記下他們的名字，以示感謝。

在奉獻方面，除了前文提過的故事，也有不少羣體支持。「突破」進入「突破青年村」時，開支龐大，負責籌募的同工廖錦芬，聯同一班同行者，策劃了一個植樹籌款計劃，招募了300位支持者到「突破青年村」植樹，支持我們的事工。

在過程中，我們看見很多同行者，他們也把「突破」服侍青少年的異象傳遞出去，其中有些是我的老朋友，如朱其崑夫婦，我們四代都是老友；林師龐夫婦，我們三代都是很好的朋友。他們從來沒有在《突破》雜誌的封面、「突破」的前線留下他們的名字或足印，但是他們默默地服侍。

三、青少年重寫生命軌迹

生命的改變不單止是人信主，成為基督徒那麼簡單的身分換轉，而是生命的軌迹重鋪，並且重新尋着自己的召命——發現自己是誰，自己的恩賜在哪裏；並願意接受神的塑造，成為別人的祝福，回應這個世界上很多的呼求。我最感恩的就是「突破」多年來，不斷服事青少年，見證他們生命成長，並且活出召命。

從監獄來的信

《突破》雜誌出版沒多久，竟然收到從監獄的來信，原來那裏都有《突破》雜誌的讀者。於是，我和恩佩踏入赤柱監獄，探訪這位年輕人。我們一直跟進他的情況，出獄之後，他的生命繼續被神塑造，今天仍在服事主。

以上不過是個小小的例子，原來我們透過雜誌、電台、書籍，大約接觸了（香港）55% 的青少年。當然，每一年和我們直接有個人接觸的，如接受輔導，參加不同類型的營會，大概有 1 萬人以上。我們每一年和很多教會和機構合作，大概 8

萬至 10 萬的青少年使用「突破青年村」，或接受過我們的輔導及人際關係的服事。所以青少年的事工網路非常闊。

不過事工講求的不是闊度，而是生命的更新。透過事工的闊度，帶來更加重要的，生命深度的改變。「突破」有一個多年不變的傳統，每年復活節都會舉辦福音營。除了有一屆不在港，我每一屆都參加。在福音營之前，會招募和培訓義工，然後他們一連三天和年輕人一起度過受難節、復活節，查考《聖經》，出營之後也會跟進這些年輕人。有一些人在教會裏繼續接受牧養，有的加入「突破」設立的羣體。不過我們仍要思考如何和教會接軌，希望藉與教會合作辦福音營，分擔策劃和跟進的工作，完善事工。

有一次，我們和天水圍教會及機構合作舉行營會。那羣孩子非常可愛，很投入。當中有一些邊緣青年，其中一個青年不僅參與一些邊緣活動，在社區裏胡作非為、生事打架，還參與交鬼、涉及一些邪靈的活動，令我非常擔憂。後來，我有機會和他聊天，和他一起禱告，他在營會的表現真的有改變。不少青少年在家庭裏經歷創傷。在這些營會裏面，我看到很多人重新面對成長中的缺陷。雖然哭泣，卻得着更新，生命在十字架和復活的信息下得到轉變。

「突破」陪伴我成長

當然「突破」不只在福音營保持福音的傳遞，也在文字、其他營會裏滲進福音的元素，令參加者知道生命的更新從神而來。我們不是每一個營會都以佈道為主，但是我們相信神的祝福是全人的，是關顧身心靈全人成長的。到底，我們都希望青少年在靈性方面有發展，能認識基督生命得到改變更新。

多年來，很多時候在街上遇見一些成年人，他們說感謝神：「我們在『突破』的福音營裏信主，在培訓活動裏認識基督，是『突破』陪伴我們成長。『突破』的文字促使我們再思生命的意義。」令我心中非常感恩。

身分重尋

自從遷入「突破青年村」後，「突破」舉辦很多領袖訓練，由 1996 年到如今，我們每年都舉辦「國際華人青年領袖訓練營」，招聚香港、內地（現在有 17 個城市）、加拿大、美國，甚至東南亞一些國家都有青少年來參加。雖然營會只有七天，但是七天之後我們仍繼續和他們保持聯繫。回想仍感不足夠，希望以後的跟進培育工作，能夠和教會合作，做得更加透徹。

藉「突破青年村」建立，我們可以同時和外國很多年輕人交流，如每年舉辦的「國際華人青年領袖訓練營」，介紹青年人用體驗的模式學習靜思、尋找身分及辨別自己的召命，藉此培育 21 世紀的領袖。同工李淑潔等在這方面的培訓，花了很多的功夫。

不過，多年來我見證很多青少年有轉變！我近年在上海接觸 “lamper”（參加過營會的年輕人），他們當中有人已經是執業的律師，有人當電視主播，有人做輔導。重聚時，聽他們分享，他們不但回味當年在營會裏那幾天的領受（如更新他們對貧窮、對個人生命的看法），有的之後還相信了主，無論身處哪個行業，在內地都成為很美麗的見證。

至於香港的參加者，我們自然能較緊貼地跟進，他們有的做老師、有的做社工、有的做醫生、有的服侍基層工人、有的做律師，有一個甚至在發展中國家審查當地有關公義的情況。我們無法評估那些營會的果效有多大，但可以肯定，我們見證他們生命的改變。

早前，我邀請一批香港、內地和加拿大的年輕人，在四川地震災區一間學校，辦了一個畢業營，用 playback 戲劇，以及音樂、手工藝的創作來表達在災難之後重建希望，活出有盼望生命的信息。活動上，見到四川的學生反應熱烈，與此同時這些來自加拿大、香港和內地的年輕人，都重新找到自己的新身分 —— 我是中國人；而且願意學習與苦難中的人同行，與他們一同感受、一同分享生命中的盼望，彼此祝福。見證這批青年人成長，令我們非常感恩。

栽培未來領袖，是青年工作一個很重要的方向。我們深深知道：只有神能叫他們的生命更新！

折翼孩子能飛

我們沒有忘記，香港社會裏有一批青年人由於能力、學習方式、家庭背景弱勢，在現有的教育制度下成了失敗者。我們招募了 16 位這類在學校體制裏被定為「不太成功」的年輕人參加「飛鷹計劃」，期間進行個人培訓、工作培訓、生命培訓，重整生命和方向。一年之後，他們學習態度積極了，工作的態度和與家人關係都改善。這個項目對我們有很大的啟發。後來我們將這個概念轉化，提供給政府，政府也樂意採用，後來推出的展翅計劃都採用類似觀念：幫助一些有學習困難的青年。後來，我們的「創路坊」同工把觀念更新推進，設立「師徒創路學堂」(Modern Apprenticeship),服侍一些會考零分,或是讀書方向模糊的青年,引領他們重新思考人生和方向,「先學做人,再學做工」。

近年,「創路坊」眾同工一起服侍這些年輕人,經過職場的訓練,他們生命真是不一樣:對工作,他們認真了很多,有的找回學習興趣,重返校園,還做了領袖生,接着考上大學;有的服侍其他身體有缺陷或智障的人,做得很開心;有的透過媒體,將自己的故事改編成戲劇在學校演出,鼓舞同樣在公開試、讀書上遭遇困難的青少年。他們不只個人有生命改變,更走出去服侍其他年輕人,成為他們的祝福。他們的故事都寫進了《折翼孩子能飛》一書,這書還入選中學生好書龍虎榜候選書。我為這些非常感恩。

告別悲情

有一段日子,天水圍常常成為社會的焦點,甚至被標籤為「悲情城市」。神感動謝文策弟兄,以行動關心天水圍的青年人。他帶領一羣同工和天水圍的教牧及青年工作者,栽培一班「天 Teen」:他們是很出色的少年人,來自不同的學校,組成一個羣體。

我們與教會和地區夥伴一起舉辦天水圍青年節，鼓勵這一羣「天 Teen」對自己的家庭、對區內其他家庭、對社區發出信息：我們天水圍的青年人祝福這個社區。他們將愛、生命帶回家庭。我參加他們的家長聚會，家長看到這羣年輕人的成長，生命變得與以前不一樣，感動得哭泣，父母與子女的關係得以重新建立。少年人不單接受生命的栽培，也成為社區的祝福。這是整個社區一起慶祝的事，得着這個新的景象，感恩我們有幸見證這個祝福。

讓生命發光

青少年的栽培工作已不只停留在本港，我們還伸延到中國內地十多個城市，甚至在加拿大透過姊妹組織 Across U-hub，匯聚當地的青少年。他們不但得着栽培，而且還在所住的城市，如多倫多市，透過音樂媒體創作，影響當地的文化和青少年，讓生命互相迴蕩。無論到國內外哪個地方，我們都會探訪這些受過造就的青少年，和他們聊聊天。感恩我可以見證他們的生命蛻變。

我們不是說「突破」的工作很出色，我們深明自己的限制。我所求的，是同工能謙卑與神同行，繼續讓生命被神更新，並成為青少年的同行者。在接下來的日子，我們繼續學習作青少年的生命導師，讓他們內裏的生命更新；也希望他們進入現場，祝福更多人、更多社區，成為真正的 21 世紀僕人領袖。

四、祝福人的領受祝福

「突破」的資源非常有限，神賜下義工成為我們很重要的祝福，促成整場運動。此外，祂也賜下另一種關係——夥伴。我們和不同的機構、團體、羣體結連，在這個運動並肩作戰，培育青少年成為未來的領袖。

前線後方的夥伴

「突破」開始時，是基督徒學生福音團契屬下的一個組織。基督徒學生福音團契一直都是我們很重要的夥伴，他們在校園裏做了很重要的青年工作，面向中學生、大學生以及畢業生羣體，於是我們在前線、後方的事工都連結成夥伴。在各種青少年工作上，我們都需要他們的支援和合作。他們的同工、義工在查經、栽培方面特別擅長，「突破」不少義工都是由學生福音團契培育成長，再參與「突破運動」。

商界也願意栽培年輕人

不能不提，我們很相信商界也是我們不可或缺的夥伴，從一開始直至如今亦然。

早年，我們很想《突破》雜誌有好的印刷品質，可是成本很高，我們的資源卻有限，幸好我們遇上新洲印刷廠。負責人蘇周艷屏女士是一位信主的工業家，從一開始，他們就成為「突破」的夥伴。蘇太不以商業的計算和我們合作，而是懷着一顆服侍青少年的心。很多年，新洲和我們一起，在出版品質等各方面教曉我們很多，祝福了我們。很開心看到新洲印刷廠的業務不斷發展，成為國際知名的印刷廠。

在幫助青年人創路時，我們看到他們不但要重整生命，也要進入職場踐行各自的召命。在職場中，我們連結了很多好的夥伴，例如新鴻基地產和新世界集團。我們栽培年輕人，不單是讓他們接受的訓練，還希望他們在職場能夠發揮所長，累積經驗。得到職場師傅的指導，他日才能立足社會，而這些商界夥伴就提供了機會給他們。而商界的夥伴在奉獻和贊助上也祝福我們。

將輔導和《聖經》、神學結合

神學院是另一個很重要的夥伴。「突破」的輔導工作有個重要的傳統，是不斷將輔導和《聖經》、神學結合，以一個比較完整的人觀、世界觀來進行輔導工作。這個得益於我們很重要的夥伴——中國神學研究院（「中神」）。「突破輔導中心」和「中神」合辦輔導碩士課程，成為一個互相配合的關係。「中神」在神學、《聖經》、牧養上經驗豐富；「突破輔導中心」則在心理學、輔導各方面有實戰經驗。很多神學課程雙方一起教授，例如我和溫偉耀博士合作教授，從神學的角度探討人觀，我從中也得到不少啟迪。

「中神」也慢慢加強了輔導的訓練，牧養的訓練也加入這個角度，後來學院正式成立了一個輔導的專門學系。「突破」都會把同工差去「中神」受訓，只因他們在這方面是很出色的培訓者。

政府支援，「飛鷹」轉化成「展翅」

我和永泰參與很多政府諮詢工作，從中領會青年工作一個很重要的夥伴就是政府。民間所作的其實很有限，前文提到的

「飛鷹計劃」，我們只能邀請 16 位青年人參加，即使開辦「師徒創路學堂」，每一年都只能訓練 25 個青年人。但是每一年會考零分的考生差不多有 2 萬人，對前路茫無頭緒的人很多，需要政府在政策、資源上承擔。故此，我們很多實驗項目後來都和政府合作，比如「飛鷹」轉化成「展翅」的過程中，我們和政府有很多交流。

透過和「優質教育基金」的合作，我們在通識教育上有所貢獻，也能開設關顧高危青少年的項目，使政府成為我們青年工作的夥伴。我們和政府合作青少年的「抗逆力培訓」等項目，研究怎樣做預防的工作。我們負責做研發，後來培訓青年工作者，將我們做的專案，推展到政府的政策和機制，發展成「成長的天空」計劃。這計劃如今在全部的小學和一些中學都是全力推行，培育青少年的抗逆力。（上述計劃的理念，於第七章詳述）

我當青年事務委員會主席的時候，和職業訓練局（VTC）緊密合作，協助考量青少年未來的教育與就業。我們透過舉辦青年論壇，讓年輕人可以和政府的決策者面對面溝通。

不過，透過這些合作，期望更有效回應年輕人的需要，也透過行動研究，將一些可行的方案，引入政府的架構，直接影響青年政策的釐定和推行。

見證夥伴的成長

過去十多年，神帶領「突破」參與上海生命素質教育，研究北京民工子弟怎樣定位再上路、創路，參與「四川地震災後如何身心靈全人重建」項目，這些題目對我們來説都很陌生，認識很有限。故此，我們邀請了很多國際上很好的培訓者，進入內地，和我們一起進行訓練培訓者的工作，也因此與內地不少機構建立了很多合作關係。

上海華東師範大學、北京的中國青年政治學院、北京大學、首都師範大學，還有好幾間大學都成為我們的夥伴，一起做民工子弟的培育工作。曾育彪弟兄和張彩蘭姊妹夥拍很多大學教授和北京的青年工作者，一起祝福民工子弟，這個關係也讓我們獲益良多。

2010 至 2012 年三年間，我們和四川大學、華西醫院一同推動社區的心理康復培訓工作，我們也進入幾個汶川地震的重災區，在最前線做輔導工作。過程中，我們認識了很多一起做培訓的人。

無論在四川短短的年日，抑或在上海差不多有 10 年的工作，在夥伴身上，我們更加認識中國的青年文化工作。當地一些非常出色的青年心理諮詢素質教育工作者，例如葉斌、張麒、徐浙寧、趙小青，都是我們很好的朋友，我也見證着他們的生命改變，他們也成為我們的祝福。

小結：唯有神改變人心

心意更新是神的工作，只有神可以叫生命成長。我們不過是個卑賤的器皿，被神潔淨、被神更新、被神差遣、被神使用，成為尊貴的器皿。我們在各處見證神怎樣改變人心，第一個得益的是「突破」的同工，接着是同行的義工，還有與我們並肩作戰的夥伴。但是最終，最令我們感動的，是在香港、內地，以至海外不同城市，「突破」同工和義工成為生命影響生命的青少年同行者，見證年輕人的生命因着神的靈、神的話語得到更新。

我們確信神是改變人心的神。

1978年同工照

90年代同工

1990-1991年同工屬靈操練日

「突破」20周年

1994年「成長的天空」

《折翼孩子能飛》（2013）

THE CROSS

第六章

RENEWAL
更新文化的神

耶穌走遍各城各鄉，在會堂裏教訓人，宣講天國的福音，又醫治各樣的病症。他看見許多的人，就憐憫他們；因為他們困苦流離，如同羊沒有牧人一般。

馬太福音 9：35-36

他們來到耶路撒冷。耶穌進入聖殿，趕出殿裏做買賣的人，推倒兑換銀錢之人的桌子和賣鴿子之人的凳子；也不許人拿着器具從殿裏經過；便教訓他們説：「經上不是記着説：我的殿必稱為萬國禱告的殿嗎？你們倒使它成為賊窩了。」祭司長和文士聽見這話，就想法子要除滅耶穌，卻又怕他，因為眾人都稀奇他的教訓。

馬可福音 11：15-18

保羅按手在他們頭上，聖靈便降在他們身上，他們就說方言，又說預言（或譯：又講道）。一共約有十二個人。保羅進會堂，放膽講道，一連三個月，辯論神國的事，勸化眾人。後來，有些人心裏剛硬不信，在眾人面前毀謗這道，保羅就離開他們，也叫門徒與他們分離，便在推喇奴的學房天天辯論。這樣有兩年之久，叫一切住在亞細亞的，無論是猶太人，是希臘人，都聽見主的道。

使徒行傳 19：6-10

世人哪，耶和華已指示你何為善。他向你所要的是什麼呢？只要你行公義，好憐憫，存謙卑的心，與你的神同行。

彌迦書 6：8

不要效法這個世界

中國近代學者錢穆先生曾説，文明是文化的外顯。文化，包括了每一個民族的核心價值、信念、人觀、世界觀、宇宙觀，是一些基本信念的基礎；而它的呈現方式，就是不同的文物、文藝創作、文化活動。文明也包括了人民生活的方式，起居飲食，節日禮儀等。還有，管治的方式，是不是以人為本？是不是有特定的價值觀？抑或只有經濟取向？文明的表現背後是一套文化結構。

關於更新這個課題，《聖經》給了我們很多提醒：神是改變人心的神，也是更新文化的神。從〈創世記〉——神的創世開始看，起初創世，神已經將管理大地的責任交託給人，人就承擔管理大地一切被造之物的責任。這就是一個文化使命——讓人與自己、與大自然和睦共處，彰顯神的榮耀，活現合神心意的文化和生命的方式。

不單是福音工作，也是文化工作

主耶穌基督在世的時候，走遍各城各鄉，在會堂裏教導人。當日的會堂不等同於今天的教堂，而是猶太人傳統宗教和文化的中心。主耶穌教導人、宣講天國的福音，不單單是做福音的工作，也做文化的工作。祂展現全人的關懷：思想上、理性上、對神國的了解上，祂也展示和塑造憐憫的文化 —— 關懷人各樣的需要，醫治各種病症；關心他們的困苦，以及是否得到培育和牧養。

可是，當時聖殿卻變成了一處商業活動的地方。於是，祂進到聖殿裏嚴厲地教導人，宣告這是禱告和敬拜的殿，祂挑戰當日的宗教文化、挑戰他們的信仰，呼籲信仰需要更新。

到了使徒保羅的時候，一個新的年代已經來臨，羅馬帝國管治整個以色列、中亞、西亞、歐洲甚至北非。那時，聖靈降臨在眾信徒的身上，保羅承接了這個更新的使命，奉聖靈行事，擁有屬靈的權柄，對當時的信仰帶來衝擊和文化上的更新。不但如此，他到以弗所的時候，進入會堂（仍然是猶太人宗教信仰和文化的中心），連續三個月教導、討論神國度的事，當然不是很受歡迎。接下來，他進到以弗所著名的希臘文化中心——推喇奴學房。在那裏有兩年之久不斷教導人，促成信仰與文化的對話。結果，不但猶太人、希臘人，連整個亞細亞很多人都得到適當的教導，這也是一個文化更新和福音工作的結合。

進到不公義欠憐憫之處

〈彌迦書〉6 章提到，在昔日以惡為善的以色列歷史中，透過祂的僕人，神親自成就公義和憐憫，在不公義、欠缺憐憫的年代中作工，承擔文化的使命。從《聖經》的教導，再看今天的社會，時代不同，處境卻異常地類同，都是一個善惡顛倒的年代。何為善呢？那就是行公義，好憐憫，謙卑與神同行。

對「突破」來説，我們承接的使命，不但是青少年生命更新、生命工程的運動，也是一個青少年文化更新的運動。我們進入文化現場與神同行，經歷神使文化更新。在本章我嘗試從三方面探討：抗衡文化、家庭與校園的文化更新，以及影響整個社會的管治文化。這麼多年來，「突破」在這些領域嘗試走過一些路，做到的很少。不過，仍盼望見證神的工作，經歷神與我們同行的恩典。

一、開啟文化戰場，建構另類文化

「突破」剛剛開始的時候，蘇恩佩姊妹就提出一個理念：抗衡文化（counter-culture）。當時神學家斯托得（John Stott）寫過一些文章，關於主耶穌在世時如何抗衡文化。有的人誤以為抗衡文化就是不斷抗議、消極地批判，其實“counter-culture”是建構一種另類的文化（alternative culture）。我們承認現在的後現代社會，傾向多元文化。因着不同的信仰、承傳和民族，中西方都有它固定的文化。我們不是說基督教文化必須成為唯一獨尊的文化，也要尊重其他同時並存的文化。不過，信仰告訴我們，在眾多的文化中，我們應該建立一個另類的文化、抗衡文化的平台。

有建構必先有解構（construction and deconstruction）。中國文化的歷史上，「五四運動」挑戰傳統的文化，對昔日的儒、道、佛等文化承傳作很強烈的批判；然後羣眾再針對整個管治文化，提出更新的需要——為什麼一定是君王制度，不能建立民國？這就是在革命的過程中挑戰管治文化。

之後的歷史，由中日戰爭、國家內戰，到 1949 年中華人民共和國的成立，整個過程中國人都嘗試進行文化的解構和建構。後來，資本主義、社會主義、共產主義，就成為當代中國文明建立的基石，當中很多艱苦歲月，特別文化大革命對傳統文化有嚴苛的批判，整個中國的文化只一面倒地解構。

香港一方面承傳了中國文化，另一方面因着曾是英國殖民地 —— 在教育、管治、社會福利、醫療等方面引入一些基督教文化傳統的人觀、社會觀、價值觀，形成一套獨特的文化承傳。西方文化曾經歷不斷地解構，在新的年代面對挑戰：為什麼要有絕對的價值？為什麼不能容納相對呢？性，為什麼不能解放呢？為什麼現代有這麼多理性的東西？既然每個人都有自己的立場、自己的看法、自己的價值，為什麼後現代不能夠更加尊重個人、個體？再加上數碼媒體出現，在數碼平台上面一切都解構了（deregulated）—— 不再管制，一人一個聲音，一人一個價值，極度個人主義，極度相對主義。所以，經過了一系列的解構，再經過 1989 年第二世界整個體系的崩潰，2008 年金融海嘯也令資本主義下的自由經濟、以人為主、經濟主導等等的信念解體。在一個很混亂的年代裏面，文化變得混雜。香港的文化究竟該怎樣建設或重建，成了一個很重要的課題。

這份雜誌沒有娛樂，沒有人會看

「突破」在開始時就嘗試使用不同的平台，好讓我們發放自己的信息。

記得《突破》雜誌出版的時候，我們刻意安排在報攤、書局，以及不同的地方出售。我們要雜誌成為一種另類的聲音。一些報販曾說：你這份雜誌沒有娛樂，太嚴肅了，沒有人會看的。結果《突破》雜誌連續 25 年成為相當受香港青少年歡迎的雜誌。雜誌專欄「明心信箱」與青少年探討很多成長上的掙扎，他們可以寫信來、寫文章來，不是單向的聲音，也成為一個供青年發聲的管道。

「突破」很快就進入電台。「空中突破」（後來的「突破時刻」）在電台裏面，出現了一個新的、有內容、青少年可以參與的節目，我們很多主持人都是義工、年輕人。青少年自己發聲、來信、倡議節目內容，為電台帶來新的風氣。

「突破」也有參與電視的製作，包括前文提到的《亞太新人類》，還有遠赴歐洲攝製的《再見東歐》，給年輕人帶來另一個看城市的角度。也有前文提到的多元媒體的創作《根》，讓年輕人反思城市歸屬感，思考為何我們竟成為「無根的一代」？我們有沒有一個永恆的根、永恆的價值？

數碼媒體起步，與青少年對話

當數碼平台的影響力愈來愈大，「突破」推出 Uzone21.com。當時很多人批評我們，「突破」資源很少，很難成功建構一個網站。我們不是志在賺錢，而是要建構一個數碼平台，讓年輕人參與，與他們同行創路、互動成長。網站內有一個很受歡迎的「師傅過招」討論區，成為同工與青少年對話的管道。後來網上交流轉為 web 2.0，我們再探討 web 3.0 如何由單向變為雙向，再變成有內容、有文化、有交流的數碼的平台。究竟怎樣建立另類的網上文化，我們仍然在不斷探索。

在這個多元文化的世代，我們仍然相信需要一個另類文化：脫離極度自我的個人文化，建立羣體文化。「突破」其中一個事工「突破框框」，希望匯聚青少年羣體，組織另類的羣體、懷着另類的價值，在社會上發出另類的聲音，好像昔日施洗約翰在曠野發出的聲音一樣。

每年香港的年輕人都會投選他們最喜愛的書籍，多年來「突破書籍」都榜上有名，證明他們不但喜歡看這些書，也看到這些書和他們有切身的關係。我們的禮品，如「火柴人」、「小喬」等等，都帶着一些文化氣息：探討到底什麼是生命的力量，什麼是清心。這些小小的禮品發出微小的另類聲音，不敢説帶來很多文化更新，但起碼引起很多年輕人的反響。這都是神交託給我們的使命：與神同行，在青少年羣體中建構不一樣的文化平台。

二、家校文化更新

從事青年工作時間長了，便發現很多個案不僅是青年個人的問題，也有「系統」的問題，就是影響青年人身邊成長的兩個主要系統：一個是家庭的系統，一個是教育的系統，兩者都塑造了年輕人的人際關係、價值、生活方式、人生方向。於是處理系統，成為輔導事工中的重點。

婚前不是做身體檢查就夠嗎？

「突破」開始做輔導工作的時候，是透過信箱，接收和家庭相關的來信。所以，輔導中心成立時，不止做個人輔導、小組成長輔導，也做家庭輔導、婚前輔導、婚姻輔導、男性輔導、父母輔導。我們以青少年為中心，也關心影響青少年的家庭系統。當時很多年輕人對兩性的關係、什麼是婚姻都相當模糊混淆的。於是，我們推出了各式講座，講婚姻、講交友戀愛，接着出版了一系列書籍，還開始做婚前輔導。

最初，很多人都質疑，為什麼婚前也要輔導，婚前不是做身體檢查就已經夠了嗎？故此我們和中國神學研究院合作，開設輔導訓練班，特別重視婚前輔導。婚前輔導很受我們的受眾、青年工作者及一些牧者歡迎。我們主要不是做夫婦、父母的工作，只是盼望人可以好好進入婚姻，免得在婚姻中造成不必要的傷害，禍延下一代。不過，時至今日，香港慢慢形成一種文化，雙方在婚前多一些認識自己，多一些認識終身伴侶，一起探討什麼是婚姻、什麼是家庭，怎樣讓家庭能夠彼此建立，也祝福下一代，並且成為社會有貢獻的單元。後來香港也出現了很多社會輔導中心，從事婚前輔導、家庭輔導等等。

此外，青少年工作，還有父母和家庭的輔導和教育，不只是「突破」的關注，也是很多機構的關注，於是我們和教會、神學院、社工界結成夥伴，一起推動關注青少年和他們的家庭，並肩建立年輕人。

缺乏抗逆力，欠積極樂觀感

影響青少年成長的另一個很重要的系統就是教育。90 年代，校園裏曾接二連三發生很多青少年跳樓事件，當中有傳媒渲染之後的模仿效應，但是再探究下去，背後顯示了年輕人面對成長、自我形象、家庭關係、學業壓力、升學壓力，個人價值出現了很多懷疑。為什麼一些高危的青少年會做出一些傷害自己，傷害他人的行為？是因他們成長中未曾建立「抗逆力」，就是生命的技巧和能力不足，欠缺對家庭和學校的歸屬感，更加失去了對生命的積極樂觀感。

於是，「突破」和社會福利署、教育機構、很多 NGO、大學一起做研究，我們發現可以透過一些成長測試工具，找出比較高危的青少年，並以一些抗逆力培訓，以長達三年時間作長期跟進，讓青少年得到家庭、老師持續關懷，建立抗逆力。並要進一步在校園建立「抗逆文化」，讓學校強調生命力的培育、強調歸屬感——對學校、對老師、對家庭、對朋輩，建立互愛的關係。期望幫助青年走出消極悲觀，對前路和人生持積極、正向的看法。

感謝主，是祂施恩的手，使我們和社會福利署合作推出一個「成長的天空」的計劃，協助一些培訓的工作，在學校裏建立抗逆文化。最後，得到政府社會福利署的認可，全香港的小學四年級到六年級，中學一年級到三年級都會推行。

現在這種抗逆文化的活動甚至推展到上海、北京和四川的一些學校和社區。

追夢——改變自己、改變世界

香港的社會風氣，使年輕人變得非常現實，在夢想的追求上慢慢幻滅，對前途相當悲觀，我們向社會傳遞一種信念：夢，改變自己，改變世界。信念下包含一連串活動，包括推出「聽聽少年心底夢」活動，又推出一系列創意禮品，以「火柴人」作為標誌，鼓勵青少年：「與其咒詛黑暗，不如燃燒自己」，讓他們知道自己心底的夢想和強處。政府也接受我們的創作，在 API 公共媒體和電視播出《夢，改變世界》，以「火柴人」成為主角的廣告宣傳片。

「夢，改變世界」這個信念，慢慢從香港帶進中國。我們以「夢，讓生命更美好」為主題，在上海的中學舉辦一項繪畫創作比賽，引發同學討論，吸引上海傳媒廣泛報導。我也曾經在這課題上寫過一本書《敢夢想飛——Young life 召命導航手冊》，鼓舞年輕人做一個敢於夢想、敢於飛翔的人，先從改變自己開始。

通識科文化價值之戰

近年政府推出教育改革，希望能夠加強價值教育，其中是透過通識科，以不同的題目，多元的角度來建立學生的獨立思考能力、價值批判能力、核心價值。這是一個很重要的文化之戰；通識不單止是一門學科，也是一場文化的再思。

「突破」近幾年投放很多資源做研究，更獲得「優質教育基金」的贊助，針對通識教育內容、方式，設計一系列媒體、影音創作和體驗式的活動配合學生學生，我們更出版一本定期刊物《突破書誌 Breakazine!》，推動青年人的價值更新。

我們辦了很多校長培訓班、老師培訓班、青少年體驗學習班，不止在網上、書誌、書籍中思考核心的價值是什麼，也在生活的體驗上探討，如何推行通識教育、價值教育，我們仍在起步的階段，要走的路還很遠。

「突破」嘗試對家庭和校園文化做出一些貢獻，希望透過更新文化，對青少年的成長產生正面影響。生命工程和文化更新是相輔相成的，個人生命的更新與文化的更新息息相關。「突破」不敢忽視文化工作領域的重要性。

三、「行公義、好憐憫」的管治文化

昔日的先知都是和這些君王、建制的人對話，發出先知的聲音，讓在上位者聽到羣眾的聲音。昔日神聽到以色列民受欺壓的聲音，祂差摩西和法老對話，命令法老的管治方式有所轉變："let my people go"，讓那些在埃及為奴的以色列人能夠被釋放出來敬拜神。從《聖經》的角度，所有在上位、建制內的人，都是神的僕人，他們管治的權柄都是從神而來（參羅 13 章）。

《聖經》清楚講述神將管治的責任交託給人，神也委託一些執政掌權的機關建立制度、政策和管治的方式。青少年的成長障礙不但牽涉個人問題，也是系統的問題，例如前述的教育和家庭系統；而且也關於結構性、管治系統的問題。

管治文化的更新

在檢視青少年成長時，我們發現系統從整體來講，牽涉到管治的文化。《聖經》提到的行公義、好憐憫，不單是個別的關懷、憐憫、為人伸張公義，也包括學校的管治、社會的管治、國家的管治目標，都屬於管治的文化。

「突破」是建制外的一個非資助、非政府、非牟利的青少年工作機構；有基督教的信仰、有我們的立場，是自主的，但我們也希望所做的能夠對建制產生一定的影響，所以當獲邀進入政府的建制成為諮詢者，我們也在不斷的學習，期望藉着這些管道，對管治文化作出一定的貢獻和參與。

這些不是他們本身的問題

社會很容易怪責失學、失業的青少年，説是他們愚蠢、懶惰造成的後果。我們相信青少年是未來的領袖，而不是問題，這個認知是很重要的。我們曾經和政府合作做研究，除了上述有關抗逆力的題目，也有做一些研究，了解所謂失去動機、不上學、不工作的青年（non-engage youth）。研究顯示，很多是讀寫障礙、過度活躍、抑鬱、受家庭虐待、個性上有些困難、有心理障礙等。這些不是他們本身的問題，而是我們需要回應他們的需求，給予支援。其實他們並非不想參與社會，他們也有自己的夢想、喜愛的行業。有的希望做廚師、有的希望做體育教練、有的喜歡創意文化、有的希望北上探路。但是建制卻忽略了他們的聲音，只以分數來評估他們，用應試的能力來決定他們的成敗，只用單元的文法學校來栽培他們。

我們開設一些平台了解、聆聽他們，也和他們一起探索開創不同的路：在工商界他們能不能發展？在文化界能不能夠發展？能不能做傳媒的工作？能不能栽培他們做廣播員？能不能讓他們試試北上就業？能不能在藝術方面發展呢？我們不僅探討，也將當中的經歷和經驗寫成書，像《創路達人の從零開始》，與關注同類狀況的夥伴分享經驗，希望幫助青年人學習怎樣做人、怎樣做工。這類書和前文提過的「飛鷹計劃」、「師徒創路學堂」，現在都成為建制的參考模式，也變成可行的法子。

我們也關懷在貧窮中成長的少年人（在 2011 年，香港貧窮人有 120 萬人，年輕人超過 20 萬人）。貧窮不只是沒有錢，而是青年人的生命裏缺乏生命導師、生涯規劃、跨代的關懷。於是我們就建立了「生命啟導」的模式，現在也將這些帶進建制裏，設立一個跨代脫貧的項目：政府幫他們儲蓄，成立了「兒童發展基金」。與此同時，訓練一些成人作青年人的跨代「成長嚮導」，既幫助青年人拓闊視野，並且得到關懷的人同行。另外，得到一些青年工作機構協助，開辦「生涯規劃」的訓練，讓更多年輕人有成長創路的機會。我們能夠做的很少，但起碼建立一種「跨代結連」的文化，一種「生命嚮導」的文化。

向社會發聲，期望政府聽見

這些年，「突破」進行很多策略研究（有的透過電話訪問），我們開設網上平台，分享研究成果，並向傳播媒介發佈，期望政府可以聽到這些聲音。另外，也和政府的教育局、民政署、社會福利署、康文署、職業訓練局等不同部門結成夥伴，進行各種行動研究，期望釐定一些適切時代的青年政策。

近年，我們走進內地，進行不同範疇的行動研究，如青少年心理素質、民工子弟就業、身分；並且在四川大地震之後，就社會心理康復做了一些研究和培訓的工作。除了前線服務，還建立不同的可操作、可持續發展、可開拓的模式。透過這些實證為本的模式，藉着不同的管道傳給政府相關的部門和決策者。

在影響管治文化的嘗試中，見證神開了很多路，預備了很多夥伴：很多大學願意和我們一起做研究、很多專業人士和我們一起做培訓、在政府裏也有不少有心的官員願意合作。「突破」並非孤軍作戰，期望與這些夥伴，包括教會、學術界、商界、老師、家長、青年工作者，政府中的官員——合力營造「抗衡文化」、「校園及家庭的抗逆文化」，並為管治文化加添一個「行公義、好憐憫」的向度，好讓年輕人健康成長。

「突破」的力量微小，但是我們堅持一個信念——基督是萬有的主，政府中管治的官員都是神的僕人；三一神不單是個人的救贖主，也是更新文化的主。

1998年上海「聽聽少年心底夢」活動（上、下）

2009年《突破書誌Breakazine!》創刊

《敢夢想飛》（2011）

《創路達人の從零開始》（2008）

《玩創未來》（2010）

第七章

COMPASSION
進入苦難的神

我將這些事告訴你們，是要叫你們在我裏面有平安。在世上，你們有苦難；但你們可以放心，我已經勝了世界。

約翰福音 16：33

耶穌回答說：「你們要謹慎，免得有人迷惑你們。因為將來有好些人冒我的名來，說：『我是基督』，並且要迷惑許多人。你們也要聽見打仗和打仗的風聲，總不要驚慌；因為這些事是必須有的，只是末期還沒有到。民要攻打民，國要攻打國；多處必有饑荒、地震。這都是災難〔原文是生產之難〕的起頭。那時，人要把你們陷在患難裏，也要殺害你們；你們又要為我的名被萬民恨惡。那時，必有許多人跌倒，也要彼此陷害，彼此恨惡；且有好些假先知起來，迷惑多人。只因不法的事增多，許多人的愛心才漸漸冷淡了。唯有忍耐到底的，必然得救。這天國的福音要傳遍天下，對萬民作見證，然後末期才來到。」

馬太福音 24：4-14

你該知道，末世必有危險的日子來到。因為那時，人要專顧自己，貪愛錢財，自誇，狂傲，謗讟，違背父母，忘恩負義，心不聖潔，無親情，不解怨，好說讒言，不能自約，性情凶暴，不愛良善，賣主賣友，任意妄為，自高自大，愛宴樂，不愛神，有敬虔的外貌，卻背了敬虔的實意；這等人你要躲開。

提摩太後書 3：1-5

不但如此，就是在患難中也是歡歡喜喜的；因為知道患難生忍耐，忍耐生老練，老練生盼望；盼望不至於羞恥，因為所賜給我們的聖靈將神的愛澆灌在我們心裏。因我們還軟弱的時候，基督就按所定的日期為罪人死。為義人死，是少有的；為仁人死，或者有敢做的。唯有基督在我們還作罪人的時候為我們死，神的愛就在此向我們顯明了。

羅馬書 5：3-8

看哪！我造新天新地；從前的事不再被記念，也不再追想。你們當因我所造的永遠歡喜快樂；因我造耶路撒冷為人所喜，造其中的居民為人所樂。我必因耶路撒冷歡喜，因我的百姓快樂；其中必不再聽見哭泣的聲音和哀號的聲音。其中必沒有數日夭亡的嬰孩，也沒有壽數不滿的老者；因為百歲死的仍算孩童，有百歲死的罪人算被咒詛。他們要建造房屋，自己居住；栽種葡萄園，吃其中的果子。他們建造的，別人不得住；他們栽種的，別人不得吃；因為我民的日子必像樹木的日子；我選民親手勞碌得來的必長久享用。他們必不徒然勞碌，所生產的，也不遭災害，因為都是蒙耶和華賜福的後裔；他們的子孫也是如此。他們尚未求告，我就應允；正説話的時候，我就垂聽。豺狼必與羊羔同食；獅子必吃草與牛一樣；塵土必作蛇的食物。在我聖山的遍處，這一切都不傷人，不害物。這是耶和華説的。

以賽亞書 65：17-25

祂同受苦難

保羅是外邦人的使徒，他在羅馬帝國傳揚天國的福音，最終在羅馬君王尼祿的暴政之下殉道。〈提摩太後書〉是他寫的最後一卷書，勉勵提摩太作教會牧者。他在〈提摩太後書〉3章提到，末世是危險的日子。人很自我中心，所以家庭、人際關係出現了很多苦難，這對我們、對末世有些提示。不過保羅同時對苦難有另一種看法。〈羅馬書〉5章提到，人因為信可以進入主耶穌十字架為我們帶來的恩典中，即使在患難中也可以歡歡喜喜，所以基督徒對苦難有一種超然的看法。「患難生忍耐，忍耐生老練，老練生盼望；盼望不至於羞恥，因為所賜給我們的聖靈將神的愛澆灌在我們心裏。」（羅 5：3-5）

這段經文讓我們知道，在患難中因為聖靈的同在，仍然能結出聖靈的果子，以致我們有老練成熟的表現。而且，因為祂開我們的眼睛，看見將來的應許，盼望得贖的日子，體會神同在的真實，所以我們不至於羞恥。在苦難當中，我們仍然靠着神的恩典可以得勝。

常常以為末世就放棄一切

還有一段經文對我在「突破」的事奉很有啟發。我們常常以為末世將臨，這個世界只會愈來愈壞，只好放棄現世一切。

當有人問耶穌什麼時候再回來，祂提到末世會有假基督出現，同時有災難，如天災、人禍、地震、瘟疫、國攻打國、民攻打民；祂回來之前，有一個很重要的記號，就是福音要傳到地極，末期才來到。（太 24：4-14）在苦難當中，地上仍然有更新、有盼望。

但是，我們知道神的應許是真的，祂說福音要傳到地極，福音傳到的地方會帶來生命更新、文化更新，甚至城市的更新。我認為〈以賽亞書〉65 章所講的新天新地是在地上的，在那描繪的新天新地仍然有死亡、有夭折的嬰孩、仍然要耕種、老有所養、勞有所穫，是一個不折不扣的地上處境；不過已經看到更新，人和大自然能夠和睦共處，甚至和動物也有一種新的關係。直到主耶穌再來，祂才為我們建立一個永恆的新天新地。

在「突破運動」中，我們是與主同行。我們的主是復活的主，祂在世的時候親自進入人間的苦難，真實地經歷這個世界的現況。祂曾經説過，在世上我們有苦難，不過祂已經勝過世界，而且祂賜的平安無人能夠奪取。(約 16：33)

背負十架跟隨祂

進入 21 世紀，青少年無可避免要活在這個苦難的世界，經歷人間諸般的痛苦。我們做青少年工作的要學效主耶穌基督，背負我們的十字架，捨己跟隨祂，甚至進入人間的苦難。

雖然我們重視更新文化，藉各種媒體，靠着神的恩典將人的心意奪回，使他們的生命、思想、價值都能更新。然而，「突破」的服事不止在文字、數碼媒體、影音等媒介的工作，我們都效法基督，進入苦難，其中一個很重要的字是"compassion"，就是共同經歷苦難，與主一起。祂是憐憫的主，同受苦難的主，背負苦難的主。

這一章，我會從幾個角度，看進入苦難的神在「突破」給我們的引導和啟示。首先是，人性與制度造成的苦難。很多苦難都是源自人性的軟弱，還有制度上諸般的缺口，以致青少年成為受難者；還有天災與戰禍連綿，天災和人禍都帶來苦難；最後會從另一個角度看，在苦難中我們知道神應許我們可以參與重新建造，是新天新地在人間。

一、最親密的戰場——家庭的醫治與復和

「突破」從第一天就透過雜誌與青少年接觸，從他們的來信，我們得知他們很多成長掙扎，以及一些個人經歷的難處。我也在輔導工作上親見很多青年人的難處。

熱鍋上的家庭

青少年最多的成長考驗竟然來自家庭。家庭關係的矛盾和衝突帶來苦難，對青少年造成很深的傷害。

不少青年人本來學業成績不錯，突然之間，成績滑落，情緒變得抑鬱、退縮，甚至有時會有自毀的行為，也傷害其他人。當他們信任我們的時候，將家裏關係的矛盾，對他們仍然幼嫩的心靈造成的打擊，向我們傾訴。他們最大的恐懼源自父母之間的衝突，還有離婚所造成的打擊。很多年輕人在家裏不但得不到支援肯定，更因為父母關係的矛盾及分離，感到憂傷。

報章上那些家暴的個案，有的是身體的虐待、性虐待，也有感情上的虐待、言語暴力，有時這些比身體上的傷害更大。

與背負家庭傷痕的青少年同行，使我們進入很多家庭和人際之間的艱難。孩子在學校有行為問題，甚至欺凌他人，有的表現退縮、抑鬱、讀書成績欠佳，或者在抑鬱中愈來愈瘦，以致患上厭食症，背後很多時都離不開家庭的傷害。少年人與父母之間的衝突嚴重，以致心靈受傷，漸漸演變成憤怒、抑鬱，甚至做出一些自殘的行為，也影響自己在各方面的表現。我們不能忽視在學校裏行為偏差、學習困難的青少年，背後可能是成長中不為人知的家庭苦難。一般中國人以為家醜不可外揚，結果不會主動尋求別人的幫助。「突破」嘗試透過不同的事工，進入這些人的心靈深處，甚至進入他們的家庭。

負傷的醫治者

輔導工作一直不斷發展，由個人輔導，進到系統的輔導(systemic counseling)。家庭系統應該是孩子成長當中最重要的蔭庇、最重要的肯定、最重要的安全感建立，在那裏能得到被愛被信任的喜悅。

父親、母親的角色對一個人的成長很重要。所以我也寫過關於沒有父親的一代，爸爸不在家對子女成長造成的苦難，也描述很多父子之間、母子之間的困難和傷害。

「突破」遷入「突破青年村」後，有幾年設了「短期蔭蔽的宿舍」，將一些在家庭遭遇到傷害、創傷的少年人帶到「突破青年村」裏暫住，由幾個月到一年不等。在那幾年，我當這些蔭庇青少年的家長。多謝太太在這方面的支持，她承擔了最重的責任，整天在家裏照顧這些受創的孩子。

有時，同工自己也在家庭中經歷傷痛，我們和家人、父母、夫妻之間，甚至和子女的關係失和；我們沒有逃避這些苦難，並經歷從上而來的醫治，成為「受傷的醫治者」（*Wounded Healer*，參盧雲的著作）。我將這些學習寫成書，像《從未遇上的父親》、《男人的面具》等等，都是處理這些在家庭中造成的創傷。

〈以弗所書〉提到，十字架滅掉冤仇，將人和人之間的牆拆毀。透過神的赦免，我們得到醫治；也透過我們和神之間的復和，人可以回到神的愛裏，將家庭的創傷轉化成為恩典，經歷神給我們的平安和關係上的復和。這是我們親眼看到的。

二、人性與制度——苦難中復活及創路

家庭以外，一個很重要的系統就是教育，以及整體社會經濟和就業的結構。這些制度上的問題對青少年成長造成一些壓迫，製造了一些創傷。

教育的千瘡百孔

上文提過有一段時間，香港接連發生很多少年自殺跳樓身亡的個案。當時不少機構提供求助熱線，政府也召開高層會議，大家不明白為何一個繁榮的城市會有這麼多自毀的行為。我參與當中的委員會，發現除了自毀，還有很多涉及青年人的問題在社會中發生，如吸毒、離家出走，出走後加入黑社會，或有少女淪為娼妓。在委員會看了很多相關資料，發現香港的教育制度很注重成績；學校內每一班都有很多人，老師要逐一關顧幾乎不可能，教育改革也為老師帶來很多行政工作。即使有駐學校社工，他們要負責的學校不只一間，有的甚至一個人跑三間、四間，當值的時間很少，沒機會給青少年求助。何況，遇到問題的青年人根本不想求助，只想將這些事情隱藏。所以，出問題的時候才介入已經比較遲了。

要解決這制度上造成的壓迫，管理上製造的漏洞，實在不知道從何入手。愈來愈多人察覺，起碼有 10% 以上的青少年需要心理輔導、精神輔導，甚至需要法律上的支援和介入，才能處理得了。即使有一條電話熱線、有預約來見輔導，我們卻無法接觸最需要幫助的青少年和他們的家庭。如何能夠幫助一個情緒、精神上有很明顯需要的青少年？

預防勝於治療

那時，我們和香港中文大學、社署、學校及其他機構合作，嘗試發展「甄別成長危機的工具」。這些工具不需要問對象一些敏感的問題，但通過查問一些他們成長的情況，經濟、家庭的狀況，就能找到一些在成長、心理、精神上比較高危的孩子。這工具識別在隱蔽危機當中的青少年。有些學校內約 20% 的同學有這類情況，即使有些學校在各方面很出色，也有約 10% 的同學需要及早介入和關注。後來，透過這個工具，將大約 18% 青少年篩選出來，為他們做一些抗逆力的訓練、加強他們的生命教育、生命技能，以及加強他們對學校、同輩、家庭的歸屬感。

這個名為「成長的天空」的計劃，不只是建立青年人的抗逆力，還想達到「及早辨別、及早介入」(early identification, early intervention) 的目標。透過這個機制，將一些有需要支援的同學，轉介到適當的機構，接受輔導支援。

每個制度都有它欠缺的地方，我們不想只對制度進行批判，更希望嘗試在制度當中做有建設性的介入。

讓青年人展翅飛翔

香港是個相當獨特的地方。

香港一直提供九年免費教育，學生讀完中三就可以離校，結果香港的青少年失業率在全球當中是高企的。這個一級一級的淘汰機制很嚴厲。(直至實施新學制，免費教育才增加至 12 年。) 三三四學制實施前，從中學升讀大學很困難，每年中學會考有 12 萬多名考生，其中 50% 是不及格的，6 萬人重考，及格的 6 萬人仍有 3 萬遭淘汰出局，不能升上中六。至於能升讀預科的 3 萬人，到中七再升大學時，又再淘汰一批，只有不足 20% 的學生可以進入大專、大學讀書。結果政府設立的另外一個機制是職業培訓，幫助那些完成中三、中五或者中七，但未能循文法中學、教育制度途徑進入大學的學生。

不過 20% 這個數字，和很多先進國家相比仍然相差甚遠。不但如此，由於香港注重金融、物流、地產、旅遊事業，如果青少年只有中學學歷就出社會做事，在這幾個重要的行業之外，要找其他類別的工作很不容易。

加上工業已經北移珠三角，香港也沒有着力發展其他產業，這令超過 30% 由 15 歲到 19 歲的青少年也曾經失學和失業；20 到 24 歲的組羣，失業率也經常保持 10% 以上的雙位數字，和香港整體的失業數字相差以倍數計。

由於這問題涉及教育制度、經濟就業架構，必須從建制入手。前文提及，政府和「突破」嘗試了很多幫助年輕人創路的工作，這主要由「創路坊」的同工下工夫。我們曾經為在學校「跌」出來的少年人開辦「飛鷹計劃」，幫助他們生命成長，安排他們接受職業技能的培訓、自律訓練等。這個計劃能幫助少年人，也得到勞工局的欣賞，更採用相似的觀念，演變成「展翅計劃」，加入一些人際、個人成長的栽培，還有一些基本學習的技能栽培，支援這些待業的青少年。

在沙漠中開路

前文提及「突破」的一個計劃——「師徒創路學堂」，也是一項回應問題的嘗試。我在這裏再詳細描述一下。這計劃目的是栽培一些會考零分的學生，培育他們生命成長和溝通能力，安排生命導師與他們同行，處理家庭上的困難；更得到商業機構給予工作實習的機會，甚至有專人擔任他們職場的師傅。

「師徒創路學堂」一屆又一屆舉行，對這些少年人有很多幫助。他們很多回到學校讀書，證實自己的能力；有的工作，得到公司的賞識；有的再接受一些職業訓練，開創了另外的一些路。

我們深信每個人都有他的長處，當這個長處可以回應這個社會、世界需要的時候，我們就找到自己的召命了。

以愛以義回應

我擔任政府的青年事務委員會主席一段日子，永泰弟兄也參與政府教育、大學的董事，並在社會福利政策委員會提很多意見。透過這些參與，我們對政府提出了一些具體的建議，與不同的政府部門的合作，也與很多非政府機構結連合作，目的是幫助弱勢青年人找到可行的路。

在教育、經濟、就業、社會福利的架構當中，很多青少年是「掉了隊」的，有的甚至走上一條害己害人的路。很多人注意的是偏差行為，如吸毒、自殘，甚至是欺凌的行為。我們一方面要面對人性的軟弱所造成的人際、家庭的苦難，但另一方面也不能忽略系統、制度上的問題。除了個別地幫助在困苦當中成長的青少年，也要嘗試處理他們的家庭、教育、經濟、就業制度出現的阻礙，清除障礙，讓他們找到可行的路。

《聖經》講得很對，神已經告訴我們何為善，我們學習與神同工，行公義、好憐憫。進入現場，處理個人成長的苦難，需要很多的憐憫；並要以公平、公義關注制度上的長短。一直以來，「突破」都以服侍的心不斷地學習，繼續與青少年同行。

三、天災與戰禍 —— 苦難中同行

在經歷了日本佔領的三年零八個月的戰火洗禮後，香港總算穩定下來，天災人禍不算太多。即使經常有風災，但沒有造成很大的死傷，也沒有強烈的地震。曾出現一些暴動，但整個城市復原力很強。有人説香港是一塊福地，有祝福、有蔭庇。

不過，我們無法避開一切災難。

一起禱告，恐慌中的平安

這一代人最難忘的一定是 2003 年的 SARS。這場城市災難，當時，沒人知道是什麼菌，如何奪取這麼多生命、令這麼多家庭受傷。曾經全城帶上口罩來防範，很多日常的工作都被迫停頓或者拖延，很多公眾活動都要取消，而「突破」的營會亦都全部取消。有些傳媒的工作還可以繼續，但是人際接觸的工作都停頓了。

當全城陷入恐慌，神感動我們一些同工。他們覺得不應該在全城遭遇艱難的時候袖手旁觀，於是一起禱告，接觸醫療界、醫管局，甚至進入 SARS 的現場。我們到訪馬鞍山的烏溪沙青年村，就是前線醫護人員被隔離的營舍服事，探望和鼓勵醫護人員，表示我們的尊敬和支持，很多夥伴捐出了一些物資，託我們送給被隔離的醫護人員和病者家屬。

想不到，我們向醫管局的建議會被接納——在醫院裏面設立一個視像探訪室，讓那些被隔離的 SARS 病者，即使在深切治療室隔離病房，仍能透過這些視像器材，和家人傾談。我和一些同事進入醫院，協助這些探訪的工作。永遠不會忘記，大家摸着電腦的屏幕哭泣的情境，特別在深切治療室的那些病人，已經有一段時間與家人音訊斷絕，終能在指定的時刻、指定的位置，透過視像彼此傾談。

好爸爸 忘不了

與一些苦難當中的人同行，給我們有很多學習，意想不到的是，我們有機會和一些失去家人的人接觸，給他們一些支援。有一個家庭，父親在美國當律師，回港從事教育，得到廣泛欣賞和接納。但是，在飛機上感染了 SARS 病菌，經過幾星期治療後不幸去世，剩下太太和兩個女兒。我經人介紹，認識了他們。太太表示丈夫在深切治療部的時候接受了主，平安離世，離世前還吩咐她別擔心，別憤怒，叫她也要信主。結果，母親和兩個女兒都接受了主，得到安慰，還有機會到處向人述說見證；母親分享她在最傷痛的時候，經歷神的安慰、感受從神而來的力量。

她們在極度的傷痛、悲傷當中，不足 10 歲的兩個女兒，用文字、畫作、詩，訴說她們這段時間所走的路，表達對父親的懷念。我看了那些稿、那些畫，非常感動。編輯整理他們的畫、文字，由英文翻譯成中文，出版了《好爸爸，忘不了》。想不到這本書成為香港長時間暢銷的書籍。

將神的愛帶入五一二地震災區

回歸之後，香港和內地更是一脈相連。「突破」同工有機會到內地不同地方，提供領袖訓練和生命素質教育，與很多青少年交流。第三章提及進入中國的事奉，的確，五一二地震將「突破」部分同工工作的歷程和事奉的歷程改寫了。我和三位同工原先安排往彝族做青少年培訓，因為地震發生，我們被華西醫院邀請安排去災區探訪。我們永遠不會忘記，滿目瘡痍，到處帳篷的景象，很多人失去家人，接近 10 萬人失去生命。在這種情況下，能夠做些什麼呢？我們能夠做的很少，但是知道他們真的需要有人同行，願意聆聽，我們就擔當那角色。盼望將神的愛帶入災難，同苦難當中的人同行。

華西醫院和香港特別行政區的一位賑災委員都邀請我們協助做一些災後社區心理康復的培訓，到不同的學校、不同的區域，和他們同行。目睹他們資源極度缺乏，兩年來都住在板房，在板房內上課。但他們那種驚人的抗逆力、面對明天不放棄的精神，讓我們得到激勵。在服侍中，我們反被四川的人民祝福。

天搖地動的地震，雖然使 1000 萬人失去家園，但他們在重建家園時，仍然有人與他們同行。

近距離觀看生命重建

「突破」網絡也把各地青年人匯聚一起，為四川受災的學生進行生命重建。教我最難忘的，是一班四川高中學生邀請其他年輕人一起參加他們中六的畢業營。最後一個晚上，光是中六同學就有 200 至 300 個人，加上高二的同學，有超過 1000 名同學參與，主要是四川的學生，也有來自香港、加拿大的青少年共聚一堂。這個共聚，不單是校園生活的重建，更是心靈的重建，對明天盼望的重建，以致人的生命、文化、校園文化的重建。身處其中，讓我見證神真的將祂的慈愛，在很多地方以不同的方式彰顯，也給我們的同工機會近距離觀看神的作為。

在三年間，我們有幸在苦難當中參與他們心靈的重建、生命的重建。在苦難的深處，我們見證到神的恩典和作為。

四、「新天新地」—— 苦難中共建

在四川地震災民最困難的時候，我們得與他們同行，給予心理、精神和治療方面的支援。但重建不應停留在這裏，不只是單獨、個人的心靈支援，而是整體的重建。就是我所説，神的新天新地是重建在地上。

社區重建，專家拔刀相助

世界衞生組織（WHO）總幹事、香港前衞生署署長陳馮富珍女士，不但對四川，也對全國提出一個很重要的概念，就是重建健康的社區、健康的校園。這不只是建築物的重建，還包括醫療、衞生、預防疾病、產前服務、長期護理、心理健康、精神護理，各方面的服務都全面關顧。在社區的支援網絡上，也要做一些建設，達致全人健康的和諧社區。學校也同樣要建立成健康校園，健康校園包括衞生、學習環境、預防疾病的措施，並健康教育，建設一個注重心理、精神和社交健康的校園。我們在災後做了很多培訓工作，四川大學和華西醫院繼續邀請我們在社區心理復康方面做更多前瞻性工作，參與健康社區、健康校園的建設。

「突破」不只有同工，還有很多義工，透過遍佈香港和全球的網絡，我們得到很多專家願意拔刀相助，結成隊伍走進內地，參與培訓當地人承擔社區和校園的重建工作。

此外，重建大環境時也沒有忽略個別的需要，有一些孕婦懷孕時因衛生照顧不足，胎死腹中；有的在生產後，發現孩子有一些先天性問題，好像兔唇、大腦癱瘓等等。香港有很多專家，包括大學教授，透過視像器材給予個別個案很多專業諮詢和支援。

以「突破」為中軸，我們連結到很多醫療界、社工界、社區建設界的義工，全人投入，為這些社區、校園建設帶來很大的鼓舞。

生命工程經驗轉移

進到內地，使我們在北京催生了一個意料之外的項目。

在城市化的過程中，很多鄉鎮流動人口湧入北京、上海、重慶這些大城市，也有許多人湧入二線城市。他們成為各城市的建設生力軍。單是北京，大約有 400 萬名民工來自不同的鄉鎮，他們帶着大約 70 萬名孩子和少年人同來。這些青少年有的就讀民工子弟學校，有的很早就放棄學業，從事一些比較低技術的工作。神透過青年發展基金的曾育彪弟兄和張彩蘭姊妹策劃，和北京的民工子弟學校、北京大學和北京的商界合作，把前述「突破」在生命素質、抗逆力、生涯規劃上的經驗，給這些民工子弟個人生命的指導、職業培訓等。

我們將香港和內地培訓的資源結合，栽培民工青年，讓他們成為建設城市的一支生力軍。此外，「突破」聯繫很多年輕人參與這些栽培工作，其中一位是香港女孩阿雪，一個年輕女子，親自走到北京，住了一段時間，成為民工子弟成長的同行者，給我們在事奉上很大的激勵。她後來將這段經歷寫成《漂流到北京》一書，很受香港年輕人的欣賞。

經驗匯聚，生命教育系列

一個國家的重建最重要是栽培下一代的素質，才能面對 21 世紀的挑戰。這些素質不限於知識和職業技能，還有素質教育、心理素質教育、生命教育。我在第一章提過，「突破」在上海與華東師範大學合作已經差不多十年，專做心理素質教育、生命教育；並為上海的青少年工作者提供培訓，這些培訓經驗也整理成為一系列的書，名為《生命教育系列》。書的內容包括了生命故事、生命師傅栽培經驗，心理素質栽培經驗和生死教育，讓香港的下一代、中國的下一代在生命素質的交流中互相學習、互相建立。

小結：生命，讓城市更美

2012 年在中國上海舉行的世界博覽會，主題是：「城市，讓生活更美好」(better city, better life)，城市需要重建，讓生活更加美好；同樣，「生命，讓城市更加美好」(better life, better city)。所以，我們建設城市的同時，也不忘建立生命和文化，好使有生命力、有文化素質的下一代，能夠對城市的建設有貢獻、有參與。

在過程中，我們經歷很多考驗，但是我們仍然確信，《聖經》應許的「新天新地」不只是永恆中神建立的新天新地，今天在地上，我們祈求：「我們在天上的父，願人都尊你的名為聖。願你的國降臨；願你的旨意行在地上，如同行在天上。」(太 6：9) 我們很相信天國仍然會降臨人間，天國、神的旨意、神的重建在地上都可能發生。所以，我們積極在這方面參與，盼望校園、社區、鄉鎮、城市重新建設，也願生命一個又一個經歷更新。不論生命抑或文化的更新，俱是神的工作。

在「突破」服侍，學習跟隨主進入苦難，經歷靠主十字架；即使在天災和禍患中，我們與政府、商界、民間結成夥伴，成為同行者，在苦難中見證關係復和，靠祂恩典，一同創路，同心建立青少年。我們仍然相信，新天新地是可以在人間經歷。同時，我們等候主再來，帶來一個沒有死亡、沒有眼淚，永遠與神同在的新城、新天、新地。

《從未遇上的父親》（2002）

《好爸爸，忘不了》（2003）

《漂流到北京》（2009）

THE CROSS
JESUS CHRIST
ALPHA & OMEGA
JESUS IS THE WAY

後語　「我們在這裏」

這些事以後，神要試驗亞伯拉罕，就呼叫他說：「亞伯拉罕！」他說：「我在這裏。」神說：「你帶着你的兒子，就是你獨生的兒子，你所愛的以撒，往摩利亞地去，在我所要指示你的山上，把他獻為燔祭。」

亞伯拉罕清早起來，備上驢，帶着兩個僕人和他兒子以撒，也劈好了燔祭的柴，就起身往神所指示他的地方去了。到了第三日，亞伯拉罕舉目遠遠地看見那地方。亞伯拉罕對他的僕人說：「你們和驢在此等候，我與童子往那裏去拜一拜，就回到你們這裏來。」亞伯拉罕把燔祭的柴放在他兒子以撒身上，自己手裏拿着火與刀；於是二人同行。以撒對他父親亞伯拉罕說：「父親哪！」亞伯拉罕說：「我兒，我在這裏。」以撒說：「請看，火與柴都有了，但燔祭的羊羔在哪裏呢？」亞伯拉罕說：「我兒，神必自己預備作燔祭的羊羔。」

於是二人同行。他們到了神所指示的地方，亞伯拉罕在那裏築壇，把柴擺好，捆綁他的兒子以撒，放在壇的柴上。亞伯拉罕就伸手拿刀，要殺他的兒子。耶和華的使者從天上呼叫他說：「亞伯拉罕！亞伯拉罕！」他說：「我在這裏。」天使說：「你不可在這童子身上下手。一點不可害他！現在我知道你是敬畏神的了；因為你沒有將你的兒子，就是你獨生的兒子，留下不給我。」亞伯拉罕舉目觀看，不料，有一隻公羊，兩角扣在稠密的小樹中。亞伯拉罕就取了那隻公羊來，獻為燔祭，代替他的兒子。亞伯拉罕給那地方起名叫「耶和華以勒」〔就是耶和華必預備的意思〕，直到今日人還說：「在耶和華的山上必有預備。」

耶和華的使者第二次從天上呼叫亞伯拉罕說：「耶和華說：『你既行了這事，不留下你的兒子，就是你獨生的兒子，我便指着自己起誓說：論福，我必賜大福給你；論子孫，我必叫你的子孫多起來，如同天上的星，海邊的沙。你子孫必得着仇敵的城門，並且地上萬國都必因你的後裔得福，因為你聽從了我的話。』」

創世記 22：1-18

畢德生（Eugene H. Peterson）撰寫了一本書名 *The Jesus Way*，提醒我們：我們在地上的路，包括思想、行為，都要效法耶穌行的道路，因祂就是道路。這本書其中一章用亞伯拉罕的例子來說明耶穌的路是一條「信心之路」。而耶穌則放下天上的尊貴，取了人的樣式，憑信心完成神的使命，與天父、聖靈同工。

走過 38 年，我們仍在學習

回顧「突破」38 年走過的路，我們仍然在學習。我們一直祈求，所走的路像耶穌走過的路一般。為了讓我們更加堅定地憑信與祂同行，神很多時候給跟隨祂的人一些信心考驗，「突破」也是憑信跟隨祂走。

亞伯拉罕遭遇最大的考驗，就是神要他將獨生子以撒帶去摩利亞山，獻為燔祭。在這個考驗中，我覺得最令人感動就是這幾個字——亞伯拉罕三次重複這幾個字——「我在這裏」。「我在這裏」這幾個字的意思很豐富，我知道神是無處不在，祂一定「在」；但問題是，神「在」，我們「在」不「在」？我們「在」就是關鍵。我一位生命師傅常常的教導要 “present”，“present” 就是我們此時此刻，有全人的醒覺、全人的投入。

亞伯拉罕三次回應「我在這裏」，是在不同的處境。

面對挑戰，我在這裏

第一次說，是神吩咐他獻以撒的時候，他對神的話、神的呼召、神的差遣，回應：「我在這裏」。然後，他和兒子單獨上山，他的兒子呼喚他：「父親哪！」這是兒子發出的一個呼聲，他十分疑惑：為什麼要獻祭，「但燔祭的羊羔在哪裏呢？」這個時候，亞伯拉罕的反應也一樣，他說：「我兒，我在這裏。」他不只向神回應他「在」；對他的兒子、他的同行者，他也「在」。到最後一刻，他舉刀要殺兒子。（他心中以為神必定會使他兒子復活，所以就憑信心獻祭。）

但是天使在那個時候就呼喚「亞伯拉罕！亞伯拉罕！」要制止他，這時他對神的使者也是如此回應：「我在這裏。」其實，神不僅無處不在，祂差的使者也是無處不在，作隨時的支援。亞伯拉罕在那個時刻靈魂很清醒，對神差的使者，他也能夠「在」。然後他舉目觀看，不料獻祭的羊已經預備了。所以他說：「在耶和華的山上必有預備。」

學習「我們在這裏」

回看這段經文，並回顧「突破」的成長，也是不斷在學習，學習「我們在這裏」的過程。38 年來，這是我和很多同工在這條路上的經歷。

首先，神呼召我們服侍青少年，我們用很多時間安靜禱告，聆聽神的聲音。有時候我們人在心不在，或者靈魂不是很清醒，或者不是很清心，有很多東西遮蓋我們的眼睛，所以聽不清楚。我們要不斷學習、不斷操練，在服事主的過程中不斷歸回，對呼召我們的神、與我們同行的神、差遣我們的神，說：「我們在這裏。」

其次，我們被呼召將最珍貴的獻上，毫無保留地放在祭壇上。我們被呼召服侍青少年。服事多年，發現一件很重要的事情，就是服侍前先要切實聆聽青少年的聲音。很多時候他們會發出呼喊，只是我們忽略了，沒有聆聽。做青少年工作最困難的地方就是要「在」，我和同工不斷學習，當青少年發出呼喊的時候，我們一樣回應「我們在這裏」。當他們在困苦、混亂、很多的考驗當中發出呼喊的時候，但願我們每一位青年工作者、做父母的，也要「在」，並且回應：「我們在這裏。」

最後，神差我們去做工，並不是要我們孤單上路，祂要和我們同去；很多時候，祂會差遣使者保護我們，成為隨時的支援和祝福。在我們以為沒有預備的時候，祂在山上有預備，用祂的方式、祂的時間、祂的作為，讓使者在我們眼前顯現，讓我們知道自己不是孤單上路。不過我們往往只看見手上有的，就好像亞伯拉罕只看見自己手上的刀和繩，於是就捆綁兒子，舉刀就要下手。

神讓我們認識不是只靠我們的力量、我們的刀、我們的方法 —— 神預備的方式是使亞伯拉罕「不料」。亞伯拉罕醒覺了，當天使出現的時候，他的回應是「我在這裏」。回顧 38 年我在「突破」，領受很多神的使者的祝福，他們以不同的方式出現，帶着出人意料的供應，每次都令我們「不料」。我們知道這場是屬靈的爭戰，而神也差祂的使者幫忙我們打這場仗 —— 不僅是眼見的使者為我們帶來祝福和供應，也有眼不見的、屬天的使者參與這場爭戰。

投入「突破運動」，是就是置身一場屬靈爭戰。神同在，祂的使者也同在，祂要我們服侍的青少年也願意和我們同行。所以，我們最重要學習的，仍然是這幾個字「我們在這裏」。

我們在神面前說：「我們在這裏。」

在我們服侍、同行的青少年面前，我們也說：「我們在這裏。」

在我們遭遇很多困境、用盡個人方法也不奏效時，我們必須張開眼睛，對神的使者說：「我們在這裏。」

突破叢書參考書目

栽培新一代

1. 鄧淑英、麥淑華著，《成長體驗 Debriefing》（增訂版），2015。
2. 吳思源著，《給孩子 50 種幸福生活》，2015。
3. 李德誠著，《生命的超越 —— 歷奇輔導的再思》，2015。
4. 上官賢恩編著，張碧嘉譯，《網絡孩子 —— 父母教養新思維》，2015。
5. 吳思源著，《不信贏在起跑線》，2014。
6. 蔡元雲、謝文策著，《牧養新世代》，2013。
7. 師徒創路學堂師生著，《折翼孩子能飛》，2013。
8. 上官賢恩著，余滿華譯，《聖經的教養智慧》，2013。
9. 陳兆焯著，《荒島校長的教子祕笈》，2013。
10. 伍詠光、楊安琪著，《嘴巴失控了 —— 青少年導師求生手記》，2012。
11. 陳兆焯著，《教壞細路 —— 荒島校長的教育筆記》，2012。
12. 余慧明、劉振國著，《孩子不難教》，2012。

生活與輔導

1. 霍玉蓮著，《情難捨 —— 為誰而愛，為何相分？》，2015。
2. 區祥江、周偉豪、區穎珩著，《改寫未來的9種生存力》，2015。
3. 伍詠光著，《工，唔係咁打！》，2015。
4. 李兆康、區祥江著，《情緒有益》，2015。
5. 黃麗彰著，《幸福的實踐 —— 婚姻輔導解構》，2015。
6. 馬妙如、區祥江等著，《總有一次失戀》，2014。
7. 羅健文著，《兒童及青少年心理個案 —— 專家會診及治療》，2014。
8. 區祥江著，《化解婚姻中的 13 種危機》，2014。
9. 伍詠光著，《戀愛出事的理由》，2014。
10. 溫淑芳著，《100 分情人必修課》，2014。
11. 霍玉蓮、陳佐才等著，《饒恕果真如此輕易》（修訂版），2013。
12. 羅健文著，《發現家庭復原力》，2013。

蔡元雲作品

《牧養新世代》（蔡元雲、謝文策合著）

近年，教會牧養青少年愈來愈困難，這是教會必須面對的。兩位資深青少年工作者整合新的視點，透過分享、建議、紀錄，讓寶貴的經驗得以傳承。

《敢夢想飛 —— Young life 召命導航手冊》

在巨變的年代，未來全不可確定，加上經濟不景、失業高企，誰還能逐夢？蔡醫生卻深信，就算你早已把理想埋葬，甚或惘然不知想作什麼、能作什麼，也可以在職場上，讓夢想飛揚，成就理想。有夢，才能形塑人生方向。

《生命影響生命》

蔡醫生從事青少年工作逾三十五年，當中經歷數不盡教人心靈疲憊的困境，上帝的話往往成為作者的安慰和力量，讓他一次又一次平安地渡過。本書可以稱為屬靈的奧底賽之詩，藉着經文、個人的經歷、感受、名著引錄、札記等，與讀者產生心靈的交流。